20歳の自分に教えたい資本論

現代社会の問題をマルクスと考える

的場昭弘

SB新書
600

はじめに

本書を手に取ってくださった方は、日本経済の現状に不安を抱いておられるのではないでしょうか。日本経済について明るいことが言われているが、楽観的に考えていいのだろうか。実際に経済成長はしていないし、給与は増えず、雇用も増えない。本当に大丈夫なのか。そう思っておられるでしょう。

占いとよく似て、いいことなどないと言うと、お客が逃げてしまうので、出版界も悲観的な本はあまり出しません。楽観的見通しを書いて元気づける、ある種の癒しになる本ばかりが、巷にあふれるのも、致し方ないことだと言えます。

しかし、医師が、インフォームドコンセントで患者に本当のことを言えない、だから適当に励ましておこうなどと考えていたら、患者はどう思うでしょう。

日本経済は30年以上停滞し、コロナ禍とウクライナ戦争がそれをさらに悪化させています。しかし、重要なことは、現状を知るだけではなく、なぜそうなったのかを知り、早く次に備えることです。

その際、19世紀に書かれたカール・マルクスの『資本論』を参照すると、今の日本経済、そして資本主義経済の問題点が浮かび上がってきます。

本書は、『資本論』の解説書ではありません。現在の問題を、『資本論』に即しながら考えるとどうなるか、という書物です。当然ですが、資本主義自体が当時と全く変わっています。

しかし、実際には、新しいと思っていることが、昔からあったことであったり、昔のものが未解決のまま残っていたりするものです。

私自身が現代を生きている人間であり、19世紀を体験しているわけではありませんので、今生きている人間にとって、『資本論』のどこをどう分析ツールとして使うべきかについて考えていきます。

各章で扱う問題は、経済、労働、国家と戦争、宗教、環境と多岐にわたります。

第1章では、経済です。日本そして世界が直面する問題は、リーマンショック以後停滞する資本主義経済です。戦後経済を担ってきたIMF体制というドル基軸通貨体制に代わるものとして、デジタル技術を使ったデジタル通貨はどうなのかという議論が出ています。それが、アメリカのような先進国ではなく、中国やインドのような後発国から出ているとすれば、世界のシステムはどうなるのか。アジア復活の時代に、日本だけが取り残されているのはなぜなのか。

第2章では、デジタル時代の進歩でAIが出現すると、私たちの労働の現場はどうなるのかを考えます。どうしたら所得を得られるのか、労働の対価である賃金がなくなり、国から収入を分配されるとすれば、それは資本主義と言えるのかについて考えてみます。

第3章では、国家と戦争について考えます。今第三次世界大戦の可能性すら議論されていますが、これがロシアとウクライナの問題ではなく、資本主義経済の問題だとすれば、それを避けるにはどうしたらいいのか。なぜ資本主義は常に戦争を必要とするのか。

第4章では、宗教について考えます。日本では宗教は遠い存在だと思われがちでしたが、日本においても宗教団体が深く政治や経済に食い込んでいます。それはなぜか。

第5章では、環境問題を考えます。資本主義による無限の発展を環境問題は阻止するのか、いやむしろそれでより発展するのか。

本書で取り上げる問題を知って、『資本論』を深掘りしていただくことを期待します。

2022年10月15日　葵翔の6歳の誕生日に　的場昭弘

目次

はじめに 003

序章 なぜいま『資本論』なのか

『資本論』はブームである 014
『資本論』で十分分析していないもの 015
資本主義の分析はやはり『資本論』 016
グローバリゼーションの予測 018
『共産党宣言』 019
資本主義の未来に対する不安 020
リーマンショック以後の不安 022

第1章 資本主義は限界なのか……［経済］

日本が不景気なのはなぜか？ 026
資本主義は限界なのか？ 031
資本主義は収奪から始まった 032
企業の経済活動とグローバル化の関係 035
グローバル化と帝国主義 036
「市場拡大」が要請した「植民地解放」 039
「民主化」も資本主義の必然 041
グローバル化の最後の標的 044
NFTは市場を席巻するか 047
「デジタル人民元」「デジタルルーブル」は何をもたらすか 049
貨幣とは何か 052
ディナールとドル 055
信用の正体 057
金は力の源泉 058
世界の債権国を目指す中ロ 060

実体のない貨幣は成立しない 061
中国とロシアの覇権 064
中国の資本主義とは？ 065
インフラを作る中国型資本主義 070
中国のバブルははじけない？ 072
『資本論』のここを読む 075

第2章 働くことに意味はあるのか……［労働］

人工知能の問題 080
賃金なき世界で誰がモノを買うのか 082
馬とロボット 084
シンギュラリティは「経済学的に」実現するか 088
ベーシックインカムの「基準」をどう決めるのか 090
ベーシックインカムと最低賃金 092

原資をどこから取るか 096
ベーシックインカムと社会主義 098
資本の運動を止めよ 100
COLUMN プロ野球選手や芸能人が大金を稼げるのはなぜか 102
『資本論』のここを読む 107

第3章 戦争はなぜなくならないのか……［国家と戦争］

資本主義と戦争 110
再び本源的蓄積について 113
ローザ・ルクセンブルクの『資本蓄積論』 116
兵器＝生産手段 118
軍産複合体は資本主義の必然 120
ウクライナ戦争はなぜ起きたか 122
脱西側の視点から東欧を見る 124

多民族国家ウクライナの歴史 127
ヨーロッパとカトリック教会 131
ウクライナ戦争とコソボ紛争 133
ウクライナを第二のルーマニアに 136
プロパガンダはお互い様 140
社会主義革命はどこで起こるか 142
農民の階級意識 144
『資本論』のここを読む 146

第4章 宗教は人を救うのか……［宗教］

「宗教は民衆の阿片」とは 150
ブルーノ・バウアーとの論争 154
ヘーゲル左派との決別とマルクスが買った顰蹙 156
ヨーロッパでは「宗教性のない議論」はタブー 158

カトリックと全面的に対決した社会主義者 161
資本主義を動かすカトリック教会の資金力 163
『資本論』のここを読む 165

第5章 SDGsと資本主義は両立するか……［環境］

資源のないヨーロッパ 168
資源国の賭け 170
環境保護の欺瞞 173
SDGsから忘れられた「優先項目」 174
サスティナブル成長率の正体 178
環境ビジネスは儲かる 180
脱成長で幸せになれるのか 182
脱成長と社会主義 184
COLUMN コロナが資本主義にもたらしたもの 189

『資本論』のここを読む　193

終章　資本主義のその先

私的所有を廃し、社会化する　196
国営化は社会化ではない　197
プルードンの私的所有批判　199
フランス革命が隠蔽していたもの　201
集合的労働の可能性　203
分業が生むのは本当に疎外だけか　207
『資本論』の「誤訳」　209
慈しむことから始まる　211
『資本論』のここを読む　213

主な参考文献　215

序章

なぜいま『資本論』なのか

『資本論』はブームである

今『資本論』が、何度目かのブームを迎えています。約150年も前に書かれたこの本がかくも定期的に注目を集めるのは、『資本論』が私たちの社会に不可避的に起きることを言い当てた「予言の書」であるからにほかなりません。

一般に、『資本論』のことを社会主義や共産主義について論じた本だと誤解している方も多いのですが、実は『資本論』それ自体にそうしたことが書かれているわけではありません。ここに書かれているのは、資本主義がいかに矛盾多き制度であって、この制度が抱える矛盾はやがて限界に達し資本主義社会は崩壊に至る――ということ以上のものでも以下のものでもなく、その崩壊の後に訪れる社会体制がどのようなものであるかについて明確に書いているわけではないのです。

その体制が、一部で言及しているとしても、社会主義であるとも、共産主義であるとも、カール・マルクス自身は『資本論』の中では明示してはいませんでした。とにかく純粋に、資本主義の分析「のみ」を徹頭徹尾行った書物なのです。

とはいえ150年も前に書かれた本ですから、マルクスが観察し、批判的分析を行った

19世紀後半の資本主義は、当然ながら現代社会における資本主義と全く同じものではありません。社会は常に変化するものであり、古い時代には存在しなかった事象が新たに生まれ、制度そのものに影響を及ぼすという例はたくさんあります。したがって、マルクスが行った資本主義分析を現代の社会に当てはめようとした場合、うまく馴染まない部分もどうしても生じてきます。

『資本論』で十分分析していないもの

たとえば、現代においては一般的になっている株式資本もそのひとつです。マルクスが生きていた時代の株式資本は未発達であり、現代にあるような株式会社の仕組みはまだありませんでした。株式会社や株そのものはかろうじて存在していたものの、当時の株券は基本的に鉄道会社のような半国営企業が発行するにとどまっており、一般の企業が株を発行し、それを通じて市中の投資家たちから幅広く資金を調達することはまだ行われていなかったのです。企業が資金調達しようとする場合は株式市場ではなく、主に銀行からの借入金に依存していました。

ですからこうした株式資本や株式会社制度に関する分析はマルクスの時代にはまだできなかったことであり、マルクスより約60年遅く生まれたオーストリアの社会主義者ルドルフ・ヒルファディング（1877-1941）がマルクスの理論を発展させる形で『金融資本論』を著すまで待たなければなりませんでした。

現代の読者が『資本論』を読んだ際に、株式資本に対する批判・分析が足りないと感じるのは、こうした事情があるからです（もっともマルクスは企業の資金調達において核になるものが「擬制信用」であることはしっかりと指摘しており、その意味では、現代の株式資本に伴う問題を言い当てていたと言えなくもありませんが）。

資本主義の分析はやはり『資本論』

それにもかかわらずマルクスが『資本論』において行った資本主義の分析が依然として有効なのは、マルクスが150年前の資本主義を分析の対象としていたにもかかわらず、資本主義の基本的な骨格については見事に捉えており、その骨格は現代においても変わっていないからです。

資本主義における生産や流通のメカニズム、そして資本主義が宿命的に追い求める目的や、資本主義が発展を遂げていく過程で示す運動法則。これらを全体的に捉えることに成功したという点で、『資本論』に匹敵するスケールを持つ書物は他に見当たりません。

資本主義という概念についてだけならば、『プロテスタンティズムの倫理と資本主義の精神』で有名なマックス・ウェーバー（1864-1920）、あるいは反ユダヤ主義的な観点から資本主義批判を行ったヴェルナー・ゾンバルト（1863-1941）などマルクスの後の時代の社会学者や経済学者も分析の対象としていました。しかし、資本主義および資本主義社会にまつわるあらゆる問題を包括的に、まるごと分析するという仕事は、マルクス以外の誰にもできなかったのです。

その意味でも『資本論』は古典中の古典と言えますし、現代に生きる我々もまた、マルクスの理論を学び、これを使うことによって初めて、自分たちの社会に対する十分な視野を確保できるようになるのです。

グローバリゼーションの予測

マルクスはとりわけ現代社会において猛威を振るっているグローバリゼーション、つまり企業の経済活動が地球規模で展開される現象に伴う問題については、きわめて明晰に予見していました。

実は今から30年ほど前までの世界では、グローバリゼーションの問題が社会的に議論されることはほぼありませんでしたし、そもそもこれが問題であるということをほとんどの学者が認識していませんでした。私が大学でマルクス経済学を学んでいた1970年代でさえ、資本主義が世界規模で展開されることは資本主義を考察する上での前提とは考えられておらず、前提としていたのは、あくまで一国ごとの資本主義でした。

それが東西冷戦の終結した1990年代の半ば以降、実際にグローバリゼーションが進行したことによって、先進国の企業が途上国に進出してその国の労働者を搾取したり、先進国の経済活動が原因で地球規模の環境破壊が進行したりといった問題が、誰の目にも明らかなほどに顕在化したというわけです。

しかしこうした問題の数々は、マルクスの理論を真摯に学んでさえいれば十分予見できるものでもありました。なぜなら本書の第1章で詳しく述べるように、マルクスは『資本論』において、資本はそれ自体が目的である自己増殖のための運動を続けた果てに、その運動の場を求めて、必ず世界市場に向かって動き出すと明言しているからです。

より正確に言えば、グローバリゼーションにおけるマルクスの考え方は、基本的には『資本論』が書かれるよりもかなり早い段階で確立されていました。

『共産党宣言』

それが最もわかりやすい形で表現されているのが、あの有名な『共産党宣言』です。『共産党宣言』はマルクスがまだ29歳だった1848年、彼が『資本論』の第一巻を出版するより約20年早く書かれた冊子であり、裏返して言えば、これを書いた時点でのマルクスは後年の彼ほどには経済学の知識・見識を持ち合わせていません。

しかしそれにもかかわらずマルクスは、資本というものが、いずれ必ず国境を超えていくものであり、わずかな機会さえあれば国境という垣根を平気で乗り越えることができる性質を本来的に備えていること、むしろ世界市場を拠点としなければ存在しえないものであると認識していました。

マルクスが『共産党宣言』の結びに「万国の労働者よ、団結せよ！」というあの有名な一文を書いたのは、このような性質を持つ資本と戦うには、労働者の側も当然ながら国境の垣根を超え、グローバルに連帯するしかないという理論立てをしたからにほかなりません（もっともこのスローガンを私は、「各地域の労働者」と訳すようにしています。というのはこの時代、多数の国民が同一の言語や歴史を共有する国民国家はヨーロッパにもまだ少なく、現在のドイツの前身であるプロイセン王国やイタリア半島なども独立性の強い小国が群雄割拠しているという環境下で労働者たちは各自の地域に根ざして生活していたため、そうした当時の脈絡からすれば「万国の」よりも「各地域の」の方が正しいという判断です）。

資本主義の未来に対する不安

『資本論』への関心が再び高まっているのは、こうしたグローバリゼーションの拡大などにより、資本主義というシステムが不完全であることを人々が再び強く認識するようになっているからでもあります。

資本主義がうまく機能している時、つまり経済が好調で、なおかつ貧富の格差がさほど目立たない時期に『資本論』は読まれません。私のようなマルクスの研究者も世の中から半ば忘れられた存在となります。マルクスが読まれ、メディアがその解説を求めてマルクス研究者に助けを求めに来る時期は、経済が混迷した時期と完全に一致しています。

近年では2014年から15年にかけての頃、トマ・ピケティの『21世紀の資本』がベストセラーになった時期にも、マルクスは非常によく読まれました。

当時、2008年のリーマンショックから数年が経過し、そろそろ経済が立ち直るだろうと皆が期待していた時期です。しかし、日本ではアベノミクス効果で企業の株価こそ回復したものの、多くの庶民は自分たちの賃金が上がっているという実感を持てず、実際に名目賃金から物価上昇や下落などの物価変動部分を取り除いた実質賃金はこの時期むしろ下がっていたことも明らかになりつつありました。

「これはなぜなのか？」という誰もが薄々感じ始めていた疑問に対し、ピケティは労働による収入よりも株式資本を所有することによる収入の方が圧倒的に効率的に得られること、現代においては額に汗して働いている人たちよりも、自分では働くことなく不労所得を得ている人たちが絶対的に有利であることを統計学の手法を用いた700ページを超える大著で明確にしました。しかしこれはまさに、マルクスが『資本論』で展開した理論（にヒルファディングなど後継者たちが補強した理論）を現実の側がなぞった現象にほかならず、マルクスの再評価を必然的に進めることになりました。

リーマンショック以後の不安

こうしたマルクス再評価は、9月にリーマンショックが起き、また偶然にもその4カ月前の5月に私が『超訳『資本論』』を刊行しベストセラーになった2008年にもありました。

この頃はソ連崩壊から20年近くが過ぎ、「敵」がいなくなった資本主義はいよいよ爛熟《らんじゅく》期に入って、もはや1920年代から30年代の世界恐慌や1990年代の日本で起きたバブル崩壊のような恐慌は起こらないとさえ思われていました。しかしリーマンショックという恐慌が結局は起こるべくして起こったことにより、やはり資本主義社会は思っていたほど完璧な制度ではなかったのだと誰もが実感させられることになったのです。

そしてこれと似たことが現在、またも起こりつつあります。二度の世界大戦と冷戦を経て、もはや世界規模の戦争は起こりえないという多くの人の思い込みに反して、2022年2月にロシア―ウクライナの間の戦争が勃発し、この戦争は第三次世界大戦へと拡大する危険を孕《はら》みながら戦火を拡大し続けています。

資本主義が恐慌を避けられないこと、そして恐慌が世界規模の戦争の原因になることは、どちらもマルクスが予言していたことです。これについても、本書の第1章と第3章で詳しく解説します。

マルクスがそのような予言ができたのは、彼が資本家から支援を受けたわけでも、大学に籍を置く学者でもない全くの一私人であったがゆえに、彼自身の主観を超えた視点で、資本主義に対してどこまでも客観的に向き合うことができたからでしょう。そのようにして導き出された分析が真理そのものであったとまでは言いませんが、限りなく真理に近かったがために、150年後の今でも、人々が自分たちの社会について考える上での普遍的な補助線であり続けているのです。

本書では、マルクスの理論を下敷きに、複雑極まりない現代社会について「なぜこうなっているのか」を読み解くとともに「これからどうなっていくのか」を考えていきます。

第1章

資本主義は限界なのか

［経済］

日本が不景気なのはなぜか？

ご存じのように日本では長らく不景気が続いており、世界的にも経済は停滞局面に入っています。この停滞は、元をたどれば2008年9月にアメリカの投資銀行リーマンブラザーズが破綻したことに端を発する、世界的な恐慌（クライシス）がきっかけです。

日本では一般に「リーマンショック」と呼ばれているこの恐慌ですが、欧米では「ファイナンシャルクライシス」と呼ぶのが普通です。日本の経済界やメディア、政府などは恐慌を意味するクライシスという単語を敢《あ》えて「ショック」に言い換えることで、「これは恐慌ではない」というイメージを国民に刷り込もうとしたのかもしれませんが、あの経済危機が単なる一過性の「ショック」だったのであれば、リーマン破綻後1、2年程度で立ち直っていたはずです。しかし現実には、世界経済は今もあの後遺症から抜け出せずにいます。

リーマンショック（読者の皆さんはやはりこの呼名の方が馴染みがあるでしょうから本書でもひとまずこう呼ぶことにします）の後、日本では小手先の景気対策が続き、2012年に安倍晋三政権が発足してからは、マネタリストと呼ばれる人たちが唱えていた大規模な金融緩和政策が実行に移されました。

マネタリストたちの主張は、この国が不景気なのは市場に供給されるお金が不足しているることが原因であり、国がお金を大量に発行し、市場に供給さえすれば景気は回復するのだというものでした。これを政府が日本銀行に実行させたところたしかに株価は上がりましたが、労働者が実際に受け取った給与である名目賃金から、物価変動の影響を差し引いて算出される実際の可処分所得である実質賃金は上がるどころか下がり続け、抜本的な解決にはなりませんでした。

しかし2008年の時点でリーマンショックの本質を直視し、恐慌と位置づけた上で対処していれば全く違っていたはずです。恐慌を資本主義に固有の病弊と位置づけているマルクス経済学には、恐慌に対処する知恵が蓄積されているからです。

マルクスは『資本論』第三巻において、恐慌を「資本主義がより発展するための契機」であると定義しています。

恐慌が起きることによって、生産性の低い企業や産業構造の変化に対応できない古い企業は市場からの退場を強制され、それらの企業に雇用されている労働者を中心に失業者も大量に発生します。しかしその一方で、変化に対応できる強い企業や新しい企業が淘汰されて生き残り、結果として資本主義は恐慌が起きる前よりも発展します。この資本主義にとっては必要不可欠とも言える新陳代謝を促すのが恐慌であり、ここで仮に退場すべき企業を中途半端にも助けてしまえばむしろ資本主義にとって不都合な、より恐ろしい事態をのちのち招くことになる、というわけです。

この分析が、恐慌という現象の本質を捉えていることは誰にも否定できないでしょう。

しかしリーマンショックの際、日本に限らずアメリカなど多くの資本主義国は新陳代謝を拒否しました。もはや息も絶え絶えの銀行に税金を投入して救済し、旧態依然とした産業も生き残らせたのです。

こうしたゾンビ企業群をあのとき自然な流れに任せて退場させていれば、失業者は無数に出たでしょうし、3〜4年は経済が停滞したかもしれませんが、このプロセスを経ることによって新しい産業が勃興し、各国の資本主義は強化されたでしょう。

しかし各国政府は、この淘汰の過程で生じる傷があまりに大きくなることを嫌い、淘汰の代わりに税金を大量に投入し、銀行を半ば国営化するなどして救済しました。救済した結果、結局は長期的にリーマンショックの後遺症を抱えたまま死にきれずにいるのが世界の資本主義の現状です。

この後遺症を抱えたまま乗り切るにはさらに最低でも10年は必要ですが、現実にはその10年も耐え続けられないでしょう。

リーマンショックのときも、主流派経済学の学者たちはあたかもあれが恐慌ではないかのように言い繕いましたが、マルクス経済学に基づけば恐慌と判断しうるだけの条件は揃っていました。

ただ、恐慌にも様々な種類があり、大きさにも程度があります。最も頻繁に起こる「商業恐慌」は小さな会社や商店が破綻・倒産する現象ですが、これはそれらの倒産が個別に起きている限りそれほど恐ろしいわけではありません。

恐ろしいのは、私たちの世界にあって資本、つまりお金の循環を作り出している銀行が立ち行かなくなり、貨幣逼迫《ひっぱく》を起こし、企業が倒産したりする恐慌です。これを「銀行恐慌」、あるいは「貨幣恐慌」と呼びます。

マルクスが『資本論』を書いた19世紀や20世紀初頭までの世界では、銀行は今よりずっと頻繁に倒産していました。

ひとつの銀行が潰れると、その銀行がお金を融資していた先である企業は資金繰りが悪化し、通常の企業活動ができなくなります。そのようにして10も20も企業が連鎖的に、一挙に倒産していくことになります。

ただ、今の私たちの世界では、銀行を可能な限り潰さないようにするのが普通です。

これはマネタリストの代表格であるミルトン・フリードマンのような経済学者たちの影響で、国が後ろ盾となって中央銀行にお金を大量に発行させ、それを市中銀行に供給させることで国が信用を付与し、銀行を生きながらえさせるからです。

ただ、そのようにして銀行を無理やり生きながらえさせたところで、銀行の健康状態そのものは多くの場合、破綻が避けられないほどに悪化しているわけですから、延命させたとしても結局はその悪影響が経済全体にじわりじわりと浸透していくことになります。

それをいつまでたっても理解しようとしないのが日本政府です。バブルの後遺症が激しく噴出した時期、不良債権を抱えて身動きがとれなくなった大手銀行各行に泣きつかれた政府は、銀行に税金を注入して救済する代わりに合併させ、3つのメガバンクに統廃合しました。

このせいで日本国民は、今も恐慌のツケを長期的に払わされているのです。

資本主義は限界なのか？

経済成長の停滞に加えて貧富の格差や環境破壊など資本主義の弊害が極大化していることにより、資本主義の限界が叫ばれるようになっています。

ただ本書では資本主義が限界か否かについて結論を出す前に、まず資本主義の歴史を起源から遡るところから考えていきたいと思います。

資本主義が登場する以前、世界はある意味で長い停滞の時代に身を置いていました。中世では農民たちや封建領主が生きていくのに十分な面積の耕地を耕して必要なだけの作物を栽培し、必要な分だけを消費する社会ではお互いが競争をする必要はありませんし、収穫量の限界を超えて生産力を拡大するのは百害あって一利なしです。こうした資本主義的競争や搾取のない社会では、良くも悪くも発展が起こりえません。

こうした、あるモノを100生産したら来年も100生産し、その次の年も100生産する。この循環を繰り返す社会を、マルクスは「単純生産社会」と呼びました。

ところが資本主義は、ここに革命的な考え方を持ち込みました。100のモノを来年は110にし、再来年は120へと生産を拡大、つまり発展することが良いことであり、発展も成長もしないのは悪しきことである、という方向に人類の発想を転換させ、同時にその発展を実現するためのメカニズムを導入したのです。これが「拡大生産社会」です。

しかし成長するといっても、単に自分自身が努力して技術を磨いて生産拡大を目指すのでは増やせる量はたかが知れています。

生産を拡大する上で何より手っ取り早いのは、他人のモノを奪い取ることです。資本主義は、この「奪い取る」という行為を正当化するところから始まりました。

資本主義は収奪から始まった

他人が住んでいる土地に行って、その土地にある、その土地の人たちが持つモノを収奪することによって、資本を飛躍的に増大させるという行為は、まず資本主義国の元祖であるイギリスがフランスやドイツなど欧州の他の国で収奪することから始まり、やがてアジアやアフリカなど、他の大陸へとその範囲を拡大していきました。

たとえばイギリスの奴隷商人がアフリカから大量に黒人の若者を拉致し、アメリカ大陸に渡らせて奴隷とし、イギリス人が現地人から奪い取った鉱山で金や銀の採掘を賃金も払うことなく行わせます。これによりイギリスの商人たちは濡れ手に粟の利益を挙げます。マルクスが「本源的蓄積過程」と呼んだこの収奪のプロセスこそが、資本主義のプロトタイプ、原型を形成していきました。

「原型」と書いたのは、あくまで資本主義の基本ということです。仮にこれが資本主義そのものなら、誰だってこんな体制は願い下げだと思うはずですが、本格的な資本主義はもう少し外面を整えながらやってくるのです。

奴隷商人や鉱山主たちは、植民地で他人からの収奪により蓄えたお金を「資本」とし、ネクタイを締めた上品な紳士然として母国に戻って工場を建設します。そしてその工場で働いてくれる人を「労働者」として雇い入れ、彼らが働いた分の賃金は働いた時間に応じて払うように見せかけるのです。

これは一見紳士的で、何も悪いことはしていないように見えますが、実はその元手になっているのは南米の銀山で奴隷に鞭を打ちながら蓄えた資本であり、また本国の労働者の働かせ方にも本源的蓄積の残滓《ざんし》は残されています。

どういうことかというと、労働者が1日8時間の労働をすることによって生み出される価値が仮に200ポンドだったとして、資本家は100％の対価を賃金として払うということは決してありません。労働者自身の労働で200ポンドの価値が生み出されていても、資本家は大抵の場合はその半分の100ポンドしか払いません。これにより資本家は、100ポンド分の価値を労働者から搾取していることになります。

さらに労働者に支払う賃金は100ポンドのままで、労働時間を8時間から10時間や12時間に増やしたり、分業による効率化や機械の導入によって生産力を拡大したりすれば、生み出される価値が増えているのに支払われる賃金は変わらないわけですから、その分搾取の度合いは強まります。前者を「絶対的剰余価値」、後者を「相対的剰余価値」の生産といいます。

さらに労働者は資本家のもとで働くことによって、本来彼、彼女が従事していたかもしれない工程の全体に彼、彼女自身が関与しうる労働（たとえば農業や靴職人など）から切り離され、工場の分業体制のもと、商品生産工程の一部にしか関与できなくなることもあります。農家ならば土地や農具、靴職人ならば工具といった生産手段は彼ら自身のものですが、労働者の場合、生産手段はあくまで資本家のものであり、一旦生産手段から切り離されてしまったら彼らはもう何者でもありません。

案外これは、「本源的蓄積過程」時代の奴隷労働と本質的には変わらない、労働者を

「賃金奴隷」化し搾取する構図かもしれません。しかし、少なくとも大多数の労働者にそうとは感じさせない外面的装いを施すことで、資本主義はとにもかくにも受け入れられ、紆余《うよ》曲折はありながらも現在まで続いてきた、というわけです。

企業の経済活動とグローバル化の関係

さて、こうして資本主義が現在まで続いた結果、序章に述べたように現在の世界はグローバル化の波に晒《さら》されているわけですが、この現象が起きたのは、マルクスが『資本論』で分析した、資本の「自己増殖運動」の当然の帰結です。資本主義は、常に新しい市場を求めることが、基本的鉄則なのです。

たとえば、私が、ある町のある企業の経営者として、何か便利な道具を作って売る仕事をしているとしましょう。私がその道具をまず自分の町で売り始めると、最初は町の人たちが珍しがって買ってくれるでしょうが、その商品がある程度普及して「みんなが持っている」状態まで行くと、当然ながらその時点からほとんど売れなくなります。

そういう場合に経営者である私が次にやらなければいけないのは、隣の町で売ることです。しかし隣の町でもみんなが買ってしまうともう誰も買わなくなりますから、また隣の町と、延々と外へ、外へと出ていくしかありません。ただこれは裏返せば、外の市場が存在する限りは、私は自分の商品を売り続けられるということでもあります。だから資本は、常に新しい市場を求めて外部へと拡大し、その結果として最後はグローバル化するものなのです。

これは地球上の土地が有限である以上、いつまでもできることではありませんが、18〜19世紀の中頃の資本家たちの目から見れば地球は無限と感じられたことでしょう。とにかくモノを作り、市場を外部に求めさえすれば必ずモノを売れるという希望を、当時の資本家は常に失うことなく商売ができたのです。

グローバル化と帝国主義

ただこのグローバル化の動きが19世紀の後半、世界の分割が終了し、欧州各国が帝国主義の時代を迎えたことで一旦休止した時期もありました。

そもそも資本主義がひとつの社会に成立するにはいくつかの条件があり、少なくとも

「労働力の商品化」、つまり労働者が自分の可処分時間を資本家に労働時間という商品として売り、労働者はその対価として資本家から賃金を受け取る関係が社会的に出来上がっていなくてはいけません。さらにここに資本主義的メカニズム、つまり資本家が利潤を追求し、資本家でない人々の意識の中にも、利潤は追求されるべきものという合意が形成されていることが必要です。

そして19世紀後半の時点でこの最低条件を満たしていた国は実はごく限られており、イギリスやフランスなどの西ヨーロッパ諸国とアメリカ、それ以外では明治維新を経て資本主義国の仲間入りを果たしたばかりの日本くらいでした。

こうした一部の国を除いた他の圧倒的多数の非資本主義国は、英仏や米、日本などの資本主義国が「市場」として対象としていただけだったのです。

市場といっても、商品を消費する市場ではなく原料市場、つまり先進国が資本主義的生産に必要な原材料や燃料を仕入れてくるための場所でした。

工業生産に必要な燃料が石炭だった19世紀中頃までは、石炭をほとんど無尽蔵に有するイギリスはもちろん、フランスやドイツもそれなりに採掘できたので燃料を外部調達する必要はありませんでした。ただ綿花やゴムなどの原料は欧州では採れないものだったので、イギリスやフランスはそれらを求めてインドやインドネシアなどの後進国に進出し、植民地化して自分たちの工業生産を支える原料の供給基地にしました。

さらに植民地で生産するにあたっては、現地人たちを賃金労働者として扱わず、給料をほとんど払うことなく酷使できる奴隷状態の労働者として扱いました。

英仏などの資本主義各国は、自分たちが植民地とするこれらの国々が資本主義的な市場に発展する可能性などこの時点ではこれっぽっちも考えていませんし、近代化する必要があるとも感じていません。

彼らが植民地の近代化にいかに無関心であったかは、長らく欧州列強の植民地にされていたアフリカに、当時から最近までしっかりとした旅客鉄道すら通っていないことひとつを見てもわかります。アフリカの鉄道は基本的に貨物専用であり、港と原料を生産する鉱山との間に敷設され、原料運搬のためだけに使われました。

現代のヨーロッパには、アフリカを植民地支配した歴史を振り返り「アフリカ各国を文明化した肯定的な面もあった」と言って正当化しようとする人々もいます。しかし、100年もの間、鉄道ひとつも敷こうともせずに、「文明化」などとよく言えるものです。

なおアフリカでは21世紀に入ってようやく各地に鉄道が敷かれているのですが、これを行っているのが中国やインド、ロシア、韓国などの国です。この動きについては、後ほどまた詳しく述べることにします。

「市場拡大」が要請した「植民地解放」

もっとも資本主義の絶え間ない自己増殖運動は、実はこうした帝国主義的な原料供給基地としての植民地支配をいつまでも続けることには耐えられません。

資本主義が自らを拡大していった過程の最も初期の段階では、イギリスやフランスなどの先進資本主義国が自国内で商品の生産を行い、次の段階では他国から燃料や原材料を調達し、それらを加工したものをまた自分たちの国で販売することで資本主義は拡大していきました。しかしこの繰り返しは、やがて限界に達します。

先に私をある町の経営者に喩《たと》えながら説明したように、自動車やテレビを販売するフランスの資本家もまた、自分の商品がフランス国内で普及しきってしまい、さらにヨーロッパ全土で普及してしまったとなればそれ以上はなかなか売りようがありません。そうなった時に彼らに残された選択肢はもはやひとつ。従来は原料供給基地としてしか見ていなかったアジアやアフリカの国に売ることだけです。つまりアジア・アフリカを、近代的な資本主義国の中に組み入れなければいけなくなるのです。

ですから第一次世界大戦終結後、欧米列強の植民地にされていたアジア・アフリカの各国ではしだいに独立の動きが起こるようになり、第二次世界大戦終結後にはいよいよこの動きが本格化し、先進諸国はアジア・アフリカの国々の独立を認めるようになりました。

もちろん欧米列強も簡単に彼らの独立を認めたわけではなく、大戦中にフランスから支配権を奪っていた旧日本軍と戦ったのに続き、戦後フランスとの独立戦争(インドシナ戦争)を経てようやく独立を勝ち取ったベトナムのような例もありました。しかしそうした困難を経ながらもフィリピンは1946年にアメリカから、インドは1947年にイギリスからの独立を果たし、アフリカでも1960年代までには大方の国が独立しました。

これを良く言えば「植民地解放」になるのですが、マルクス経済学の視点で見れば、「市場の拡大」、つまり資本主義の自己増殖運動が一定の段階に達した結果、資本主義国が帝国主義的な方針を転換せざるをえなくなり、旧植民地をそれまでの原料供給基地から「消費基地」として再編しなければならなくなった、ということになります。

つまり、それまでは奴隷的に酷使して働かせていた植民地の人々を、資本主義国自身の生き残りのため、自分たちの商品を買わせる消費者へと仕立て上げなければならなくなった、そうした必然的プロセスだと考えるのです。

20世紀の前半までの資本主義国にとって、植民地は植民地であればそれで十分であり、植民地の人民を奴隷的な扱いにとどめることも、彼らには何の不都合もありませんでした。彼らが商品を買わずとも、彼らが奴隷労働で供給してくれる原材料を加工し、自分たちの国で販売すれば十分に儲かったからです。しかしそれが飽和状態に達してくると、それ以後はベトナム人やバングラデシュ人たちにもラジオやテレビ、自動車を買ってもらわなければ資本主義は拡張できません。

その状態を作り出すためにまず植民地各国に独立してもらうと同時に資本主義的なメカニズムを導入してもらい、その国の国民たちにも賃金労働者かつ消費者になってもらったというわけです。

「民主化」も資本主義の必然

もっとも、こうした資本主義の自己増殖運動の必然としてのグローバル化が、アジア・

アフリカの植民地各国ですぐに達成されたわけではありません。

第二次世界大戦終了後の1945年以降に各国で連鎖した独立運動は、実際のところそれらの国を欧米や日本などの植民地状態から解放したにとどまった面がまだあり、独立後の多くの国でトップの座に就いたのはインドネシアのスカルノやフィリピンのフェルディナンド・マルコスなどの独裁者たちでした。これらの国々では独裁者の指導のもと資本主義的な体制が部分的に導入されたものの、非民主的な政治体制は残置され、民衆は言論や政治参加など多くの面で不自由に甘んじなければなりませんでした。

旧植民地の国々でなぜ軒並み独裁者たちがのさばったかといえば、旧宗主国である先進各国が独立と引き換えに彼らを傀儡《かいらい》として統治を任せたからです。

資本主義的な要請によって独立こそ認めたものの、かといってこれらの国はすぐに資本主義に完全に組み込めるわけではなく、先進国への原料供給基地としての性格も当面は残さざるをえません。したがって独裁者が先進資本主義国の傀儡として君臨してくれた方が、原料供給を効率的にやってもらうためにも、またそれぞれの国内の共産主義勢力を弾圧する上でも何かと都合が良かったのです。

そうした独裁者の代表格がチリのアウグスト・ピノチェト、フィリピンのマルコス、インドネシアのスカルノらであり、彼らがクーデターなどで国内の政権を掌握する上で全面的に支援したのはアメリカの諜報機関ＣＩＡ（中央情報局）でした。

しかしこの体制も１９８０年代から90年にかけて旧植民地の国で「民主化」を求める声が高まると、国の体制が大きく刷新され、ここでようやくグローバル化がほぼ完成しました。

フィリピンでは１９８６年のエドゥサ革命によりマルコス政権が打倒され、インドネシアでもスカルノの後継者であったスハルトが１９９８年のジャカルタ暴動で失脚し、民主化の時代を迎えますが、この「民主化」運動も実はＣＩＡが支援していたとされています。独裁者を生み出したのもＣＩＡなら、独裁者を倒したのもＣＩＡだったということです。

アメリカが自分たちで生み出した独裁者をお払い箱にするべく市民たちの民主化運動を盛り上げたのは、資本主義が拡大するにつれて、旧植民地の民衆を抑圧するメリットよりも、彼らに購買力のある消費者になってもらうことで、自由にモノを買ってもらうメリットの方が完全に上回り始めたからです。

グローバル化の最後の標的

奴隷状態に置かれていた植民地の国民が独立した国の労働者となり、さらには購買力のある消費者として自由にモノを買い始めることで、資本主義国は市場を拡大し、さらに自己増殖を継続する。結局のところこの一連の動きを、私たちはグローバリゼーションと呼んでいるわけです。

そしてこのグローバリゼーションがアジア・アフリカの非資本主義国を完全に資本主義に組み込んだのち、最後の標的として残っていたのが社会主義国でした。

今の若い人たちはソ連や東ドイツなどの共産圏に対して「国民の生活が貧しかった」というイメージを持っているかもしれませんが、実のところこれらの国の問題は国民の所得が低いことにあったわけでなく（時には高所得でさえありました）、モノ不足でお金を持っていても必要とするものが買えないことにありました。

そんな国々に資本主義国が進出でき、圧倒的な物量にものをいわせて商品を売り出せば儲からないわけがありません。だから新しい市場を求める資本主義国は、共産圏の国々をターゲットとして崩壊させ、資本主義に組み込むことに成功しました。これが１９８０年代末から90年代にかけて起こった、いわゆる「ベルリンの壁」崩壊などの現象です。

いささか余談めきますが、資本主義国が社会主義国を崩壊させるために採用した手法は、「お金を貸す」ことでした。アメリカはカーター政権の頃からソ連をはじめとする社会主義国に対して融資を積極的に行うようになり、これを国際社会は「雪解け」（デタント）と呼びました。お金を借りた側の社会主義国は、そのお金でアメリカから機械や商品を購入し、それらは国内に流通していきました。アメリカ製の商品は、そういった品物が存在すると知らなければ別にそれほど欲しいものではありませんが、一度その味を知ってしまうと、もはや自国の商品では到底満足できなくなってしまいます。

私がかつて住んでいたユーゴスラビアでもまさにそれが起きました。ユーゴスラビアではかつてテレビや自動車などの機械製品やコーラ、コーヒーなどの生活必需品もすべて自国で製造し、コーラにしても「ドマチンコーラ」という国産商品があったのです。「ドマチン」とは「自国の」という意味です。ところがユーゴスラビア政府が西側からお金を借りた後、コカ・コーラやペプシコーラなどアメリカ産のコーラが輸入されて流通するようになりました。そこからはもう、誰もドマチンコーラを飲もうとはしなくなりました。

家電についても同じで、私の友人には「ラーデ・コンチャル」という日本で言えば日立製作所のような国営の総合機械メーカーで国産テレビの開発に携わっていた人もいましたが、その会社はいつのまにか経営が立ち行かなくなりました。

こうなると国産の商品はいくら作っても売れませんので、輸入を増やしていくしかありません。輸入するために政府はアメリカからの借入を増やし、やがて借金で首が回らなくなって公共サービスも滞るようになりました。最終的に国民の不満は社会主義体制そのものへと向かいました。これと同じことがユーゴスラビアに限らず、当時はまだチェコスロバキアだったチェコや東ドイツなどの東欧各国で行われていたために、ソヴィエト体制は崩壊したわけです。

資本家からの安易な借金がいかに致命的であるかについては、『資本論』でも語られていることでもあります。

先ほども述べたように、資本主義が発展する上で「労働力の商品化」は絶対に必要な条件です。一方でマルクスは、労働力の商品化は資本家にとって決して簡単ではないということも、『資本論』の中で強調します。

なぜかというと、農民たちは先祖から受け継いだ、作物をもたらしてくれる土地と深く結びついて生活しており、その土地を耕すことで生きていける以上はわざわざ都会に出て、自前の生産手段も持たない、いつ失業するかもわからない労働者になどなろうとはしないからです。

そのままでは労働者になろうとしない農民たちを都市に追い立て、労働者に転用するために、狡猾《こうかつ》な資本家たちが行ったのは、農民に金を貸し、借金漬けにすることでした。

農民たちに最初は低利で金を貸し、少しずつ利子を上げて気がついたら返せないほどに借金が膨らんだところで借金のカタとして土地を奪い取って追い出したのです。アメリカをはじめとする資本主義国は、これと同じことを社会主義国に対して行ったのです。

マルクスの教訓をほかならぬ社会主義国が守れなかったことは皮肉ですが、いずれにせよソヴィエト社会の崩壊もまたグローバリゼーションの生み出した一現象であり、その意味ではマルクスの理論どおりに歴史が動いたとも言えるのです。

NFTは市場を席巻するか

グローバル化が進むことによって発生する現象のひとつにデジタル化があり、過去20年ほどの間に世界のあらゆるものがアナログからデジタルに置き換えられてきました。

通貨もビットコインをはじめとする暗号資産（仮想通貨）が投機対象、そして決済通貨として用いられるようになっており、暗号資産取引の市場は何度か相場の急落を経ながらも、２０２２年７月時点で市場規模が世界で約１兆ドルと言われます。

また偽造や改ざんが難しいブロックチェーン技術を活用することによって、デジタルアートに資産価値を生じさせる非代替性トークン（ＮＦＴ）も注目されており、将来的にはこれも２兆円産業になると言われています。

ただこれらのデジタル化の潮流を牽引《けんいん》しているのがアメリカや日本などの先進資本主義国だけかというと、必ずしもそうではないのがこの現象の面白いところです。

そのひとつの典型的な例が旧ソ連だったエストニアであり、無料通話ソフトの先駆けであるスカイプはこの国で開発されました。先に述べたブロックチェーンやＡＩの開発に関してもエストニアは世界最先端の国であり、全国民の医療情報がクラウドに電子カルテの形式で保存されているほか、２００７年の時点で総選挙をオンライン投票で行った世界初の国になるなど、国民生活のありとあらゆる局面がオンライン化されています。

人口が日本の約１００分の１の１００万人と少なく、半導体を製造する工業力も持たないエストニアがＩＴの面でこれほど他国の先を行くことができたのは、小国であるがゆえに電子立国として生きていくことをいち早く覚悟し、国のリソースの大半をITに投資する選択をしたからです。

エストニアでは2000年に政府がインターネットへのアクセスを「国民の基本的人権のひとつ」と宣言し、世界最高速度のブロードバンドに全国民が無料で接続できるようにしたほか、学校教育でもプログラミングの基礎を5歳から教えるようにしました。こうした取り組みを続けた結果、年間の起業数は2万件を超え、これは欧州全体でも3番目の数字です。

工業生産力の点で不利な小国がIT技術の分野ではアメリカや日本などの大国を出し抜くことが可能になったのは、グローバル化がもたらした興味深い現象のひとつと言えるでしょうし、そのような世界において「先進国」とは果たして何をもってそう呼ばれる資格があるのか、私たちもまた再考を迫られているようにも感じられます。

「デジタル人民元」「デジタルルーブル」は何をもたらすか

そうした中で、工業力とソフトウェア開発力の両面で世界の牽引役になりつつあるのが中国です。

日本の100円均一ショップやファストファッションの売り場で売られている商品を見ればその多くが「メイド・イン・チャイナ」であることからもわかるように、中国は依然としてリアルなモノづくりを主要産業としている国です。しかしそれと同時に、中国では国を挙げてのデジタル化も早い段階で進めており、現在ではアメリカや日本以上のIT大国としての存在感を発揮し始めているのです。

特に電子マネーの普及率に関しては、中国は世界屈指でしょう。私が教えている神奈川大学にも中国人の留学生はたくさんいますが、彼ら彼女らが日本に来て最も驚いたことは「(先進国だと思っていた)日本人が買い物の時に現金を使っていること」だと言っていました。

さらに中国政府は、国の発行する通貨である人民元をすべてデジタル通貨に切り替えるという計画を構想し、実行しつつあり、2022年2月に開催された北京冬季五輪で初めて外国人向けに提供されました。

単にデジタルな通貨としてはビットコインなどの暗号資産がすでに流通しているのは先にも述べたとおりですが、デジタル人民元がこれらと違うのは、中国の中央銀行である中国人民銀行が管轄する法定通貨であるということです。暗号資産相場が過去何度か急落しているのは暗号資産に裏付け資産がないことが理由のひとつですが、デジタル人民元は中国政府がお墨付きを与えているという信用があります。

この動きにロシアも同調しており、2022年4月にはロシア中央銀行のエリヴィラ・ナビウリナ総裁が2023年にデジタルルーブルを使った実際の取引を行うと表明し、さらにこのデジタルルーブルが国際決済でも利用されるだろうとの見通しも示しました。

彼女が言うように、デジタル人民元やデジタルルーブルは国同士の決済、たとえば中国とロシアが政府間でお金のやり取りをする際の決済通貨として用いることが可能です。現在の国同士の決済はSWIFT（Society for Worldwide Interbank Financial Telecommunication SC）と呼ばれるネットワークシステムを介してアメリカドルで行われることになっていますが、デジタル通貨を使えば、わざわざドルで決済する必要はありません。

中国やロシアがこうしたデジタル法定通貨の開発・運用に注力する背景には当然、彼らなりの思惑があり、ロシアに関してはウクライナ戦争以来、西側諸国から受けている経済制裁を回避する狙いがあると西側で報道されています。しかし中露の思惑はそれにとどまらずもっと壮大なものです。

貨幣とは何か

この「思惑」について説明する前に考えておきたいのが、おカネ、つまり「貨幣とはそもそも何なのか」という問題です。

貨幣を持っていればその価値に応じたモノやサービスと交換できるのは誰でも知っていることですが、それ自体は印刷された単なる紙や金属、あるいは電子データとしての数字でしかありません。

ところが、これを持つことでなぜか人は社会の中で大きな顔ができるようになり、投資銀行のファンドマネージャーなど「おカネを増やす」ことを仕事にしている人々が、農業従事者や工場労働者、清掃作業員など、人間が社会を営む上で絶対に必要なはずの仕事をしている人よりも（少なくとも経済的には）豊かな生活ができてしまっています。また世界経済においても、多額のカネを運用している国が、モノを作っている国よりも幅を利かせられる現実があります。

こうした状況を作り出している「貨幣」とは何か。これこそが本書における最大の焦点のひとつでもあります。

貨幣に関しては昔から実在論（リアリズム）と名目論（ノミナリズム）の二派が対立してきました。

この二派のうち名目論者（ノミナリスト）たちは、貨幣それ自体は実体を持たない、単なる名目であると考えました。貨幣をその機能の面だけに注目し、その素材が何であれ、交換手段、支払手段として通用する標章として機能するならそれが貨幣なのであり、貨幣は元来がバーチャルなものである、と考えたのです。

名目論者たちが言うように貨幣がバーチャルなものでしかないのであれば、貨幣の価値もまた、貨幣を生産する技術にのみ依存していることになります。輪転機をより多く回転させて多くの貨幣を市場に流通させれば貨幣の価値は減り、逆に輪転機をより少なく回転させて貨幣を減らせば貨幣の価値は高まる。同じようにデジタル通貨としての貨幣の価値も、コンピュータが計算してはじき出す市場への供給量によってのみ決定されます。

しかしこれはマルクス経済学の立場からはナンセンスであり、マルクス経済学は「貨幣もまた商品（実体）である」と考えます。なぜなら貨幣という存在を突き詰めて考えるとこれもまたひとつの商品であり、商品であるということは、そこには労働者が労働によって生み出した価値が結晶化していると考えるのです。

もっとも、今ここで1万円と書かれている日本銀行券を目の前に見せられて、「貨幣も商品なのだ」と言われてピンと来る人はほとんどいないでしょう。しかしおカネというもののの歴史を振り返れば、もともとは洋の東西を問わず金や銀、銅などそれ自体価値を持つ金属を貨幣として使っていたのです。それらの貴金属は、鉱山で労働者たちの労働によって掘り出されることで価値を付与されるという点でひとつの商品にほかなりませんでした。貨幣とある商品の交換は、鉱山から掘り出された金や銀を文字どおり「秤にかけ」て重さを量り、その商品の価値と見合う金属を差し出すことで初めて成立したのです。

だからこそ金や銀の生産量が急激に増え、市場に出回る量が一気に増えるようなことがあれば当然インフレになるのですが、金や銀の生産量は歴史的に非常に安定していたため、結果として昔の物価は基本的には安定していました。

例外的に19世紀、1850年代に物価が突然上昇し始めたタイミングがあるのですが、これはアメリカ・カリフォルニアで金鉱が発見され、ゴールドラッシュの時代が到来した結果金の生産量がグンと増えたからです。この時は金の供給量は増えたものの、モノの生産量はそれに見合ったペースで増えたわけではなかったので、おカネが余って超インフレになってしまいました。

おカネを作ることが金や銀などの貴金属を採掘することとほぼイコールであり、それら貴金属の生産量によって物価も決まっていた時代から、やがて金の所有量を示し、それを持ってくれれば金と交換が可能であることを示す「証票」（手形）が、金の代わりを務めるようになり、さらに20世紀になってからは金との交換を意味しない、単に誰かから信用を付与されただけの紙やデータが貨幣として流通するようになりました。

その結果として現代では、好況や不況を左右するのは実体あるモノの有無とは無関係に、政府＝中央銀行が貨幣を発行し市場に供給する、その匙加減しだいなのだという発想が生まれてきました。

しかし、私たちがモノやサービスを貨幣によって交換できるのは、その貨幣に誰かの労働によって生み出された価値が結晶化しているからであり、根源的な意味では結局のところ実体と交換しているのです。

ディナールとドル

おそらくこのことは、日本のような国で暮らしていると普段あまり実感できないでしょう。日本銀行券はほとんどの人から信用されており、1000円の品物を1000円と書かれている日本銀行券と交換しようとして拒否されることはまずありえないからです。

しかし一度日本を出てみれば、貨幣そのものに実体があるわけではないことを、嫌でも意識させられることが頻繁にあります。

私は社会主義国に住んでいたので、そう感じさせられる経験を何度もしてきました。現在イラク、クウェートなどの中東各国や、アルジェリア、チュニジアなどの北アフリカの国、さらにヨーロッパでもセルビアと北マケドニアでは流通しているディナールという名称の通貨があります。これは2003年まで旧ユーゴスラビアの統一通貨であり、現在のクロアチアやボスニア・ヘルツェゴビナも含めた地域でも使用できました。ディナールを持っていれば、ユーゴスラビア国内ならばどこでも公共交通機関を利用でき、買い物も食事もできたのです。

しかしそのディナールをイタリアでリラと交換しようとすると、どこに行っても断られてしまい、代わりに「ドルは持ってないのか？」と言われてしまうのです。

イタリアの金融機関がドルはリラと交換するのにディナールはダメだというのは、結局のところおカネというものが、ある権力がその紙切れに信用を与えていることを示しているにすぎず、その権力は万国共通で行使可能な権力とは限らないからです。
ではこの権力＝信用を形作っているものとは、一体何なのでしょうか？

信用の正体

権力＝信用の正体が何かといえば、その貨幣を発行している国家の生産力です。生産力が高い資本主義国の中でも、アメリカのような資本主義国のトップの国で、絶大な生産力を有する国には高い信用があります。

ヨーロッパに関しては、今は統一通貨ユーロがあるのでユーロさえ持っていればEU加盟国間ではいちいち両替をする必要はありませんが、私が欧州を旅した50年前にはまだユーロはありませんでしたので、ヨーロッパで国境をまたいだ旅をしようとすれば国際決済通貨であるドルを持っている必要がありました。

ドルならどこの国に行っても現地の通貨と交換できる一方で、同じ資本主義国である日本円はどこに行ってもまずなかなか交換してくれませんでした。これは日本の信用＝生産力が当時はまだ欧州に十分に評価されていなかったからであり、現在でも、生産力が低いと見られている資本主義国の通貨は欧州での交換は難しいでしょう。

しかしここで問題なのは、ならばその「生産力」を決定する要素は何なのか、ということです。国家の信用力を決定する生産力を、さらに決定するもの。この答えを明かせば、実はその国の中央銀行に貯蔵されている準備金（正貨）、つまり金塊の量なのです。

政府の銀行が、実体としての金をどれだけ貯蔵しているかによって国の命運が左右される、その現実を嫌というほど経験したのが、ソ連崩壊後の社会主義の国でした。

だからロシア、そして中国は、この20年の間世界各地から金を買い漁《あさ》り、自分たちの手元に必死に集め続けてきました。

金は力の源泉

そもそもアメリカがなぜ自国の通貨であるドルを世界の決済通貨にまでできたかといえば、1944年7月にアメリカ・ニューハンプシャー州のブレトン・ウッズに連合国44カ国の通貨担当者が集まり戦後の経済復興について話し合った「ブレトン・ウッズ会議」の時点で、準備金を他の国とは比べものにならないほど所蔵していたからです。

この頃のアメリカには世界の6～7割もの金が集まっていました。だからこそ44カ国が「ブレトン・ウッズ協定」を締結し、1オンスの金を35アメリカドルで交換できるという固定為替相場制を導入することにも世界経済安定の観点から同意しました。これにより世界の為替レートがアメリカドルに固定され、世界の基軸通貨としてのドルの立場も確立されました。

この「ブレトン・ウッズ体制」は、ベトナム戦争の莫大な戦費を調達するためにドルを大量発行する必要に迫られたアメリカのリチャード・ニクソン大統領が、1971年8月にドルと金の兌換《だかん》を一時停止すると宣言した「ニクソン・ショック」により崩壊。以後は世界の多くの国が変動相場制を導入するようになりましたが、現在も国際取引の多くは先ほども述べたSWIFTを介してドルで行われています。それはアメリカの金所蔵量が現在も世界一であるからです。

ただしその保有割合は、世界の6～7割を寡占していたブレトン・ウッズ協定の頃からはグッと下がっており、せいぜい20％程度です。ですから今日の世界に流通しているドルの総発行量は、準備金とのギャップを考えれば明らかにバブルであり、ドルは慢性的なインフレ状態が続いた結果、とっくの昔に力を失っているのです。

世界の債権国を目指す中ロ

さてここで話を、中国やロシアがデジタル人民元やデジタルルーブルの発行に向けて躍起になっている理由に戻しましょう。

彼らは、やはり現在のドルが根本的にインフレ傾向にあり、力を失っていることを知っているのです。これを知っていればこそ長い時間をかけて世界各地から金を集め続けて金の準備高を増やし、その裏付けをもとに国際決済通貨としてのデジタル通貨を発行しようとしているのです。そうすることで彼らは、アメリカに代わって他国にカネを貸し付け、アメリカに代わる世界の債権国になることも可能です。

ですから結局のところ、マルクス経済学が説くように実体による裏付けを持たない貨幣は貨幣として通用しないのであり、デジタル化しようと実体的な裏付けを必要とすることも変わりはありません。

今ドルは、実体である金との結びつきがきわめて弱くなっており、その意味ではドル自体が実体なき架空通貨であるという言い方もできます。この実体なき通貨をそのままデジタル化し「デジタルドル」を発行したところで、実体がないことに変わりはありませんのでいずれは崩壊します。

実体のない貨幣は成立しない

実体と結びつかない経済は机上の論理では存在しえるかもしれませんが、現実世界でそれを実践しようとすれば必ず崩壊します。

なぜなら我々は、どれほどカネ、貨幣を持っていたところでそれだけでは生きていくことはできず、その貨幣を食糧や燃料、衣服などと交換しないことには生きていけないからです。しかし、その食糧や燃料、衣服を誰も作ってくれなくなったらもはや交換のしようはなく、銀行口座に何桁の預金があろうと意味をなしません。

その「おカネはあるのに商品がどこにもない」状態を実際に経験している社会主義国は、おカネではなく、実体こそが大事だということを痛いほど理解しています。

つまり、経済なるものがおカネの発行量や流通量で決まるものではなく、パンを作ってくれるパン屋や、そのパン屋が材料とする小麦を作ってくれる農家が社会の中に過不足なく存在していて、彼らの労働とそれによって生み出される商品、彼らに行き渡る貨幣との間にバランスが取れていること。この状態が「経済がうまく行っている」のであって、おカネを持っているだけの銀行員しかいないような世界が成立しないことをよくよく理解しているのです。

もちろん「銀行員しかいない世界」も理論の上では成立しますし、現に日本やアメリカは、世界的な分業とサプライチェーンの仕組みを活用することでそれにかなり近い社会を作り出してもいました。

自分たちでは農作物を作らないけれど、おカネだけはたくさん持っているのだから、世界の他の国から買ってくればいい、国内にはサービス業に従事する人間だけいれば用は足りる、というモデルです。

ただこのモデルを成り立たせるには「平和であること」が絶対条件です。平和であればこそ農業国が自分たちの国で穫れた農産物を売ってくれるのであって、その前提が崩れたら誰も他の国に売ろうとはしなくなり、自分たちで消費することを考えますから、この社会はすぐさまフィクションになってしまいます（まさに今先進諸国は自らがしかけた経済制裁の結果として、ウクライナ戦争勃発後、原油や農産物を買うことに苦しんでいます）。

ただこれに関しては、「そんなことを言うが、実際はモノを作っている国ほど貧しいではないか。これのどこが『経済がうまく行っている』と言えるのか」と納得できない人もいるでしょう。たしかに農業や工業を主要産業としている国々が金融や知的財産を売り物にしている国と比べて総じて貧しいのは事実です。しかし彼らがその立場に甘んじているのは、歴史的に大国やＩＭＦ（国際通貨基金）などからカネを借りる債務国の立場に追い込まれてきたからです。

特に典型的なのはメキシコであり、メキシコはスペインからの独立戦争（１８１０－１８２１）、アメリカとの米墨戦争（１８４６－１８４８）など対外戦争で戦うたびに他国から莫大な借金をし、その返済のための又借りを繰り返した結果、約２００年もの間、債務者の立場に甘んじてきました。その間に農業国として地道にモノづくりを行ってきたメキシコが貧困化したのも、他国から借りたお金を返すためにせっかく自分たちが作ったモノをすべて輸出せざるをえなかったからです。

後進諸国が貧困から抜け出せないのは、当の国の国民たちが怠けているからでも、知恵が足りないからでもなく、彼らの何世代も前の祖先たちが先進国から借金をしてしまったからなのです。

しかしここで仮にアフリカやアジア、南アメリカの貧しい国々が、今までアメリカなど西側諸国から借りていた借金を「返済しない」と宣言したらどうなるでしょうか？

こんな宣言をされたら当然貸した側の国は黙ってはおらず、制裁に踏み切るでしょう。国際的な政府間の取引から締め出され、輸出も輸入もできないとあっては干上がってしまいますし、最悪の場合ミサイルで空爆される可能性だってありますから、普通はそんな宣言は出したくても出せません。

しかしここで債務国である国が中国の人民元やロシアのルーブルを決済通貨として選択することができるなら話は別です。ドルに頼らなくてもいいとなればもはやアメリカによる経済制裁は意味をなさなくなりますし、この国の後ろに中国なりロシアなりがいるとなれば、ミサイルで攻撃するわけにもいきません。

そして実際に中国やロシアは、アメリカから借りた借金の返済に困っている国々に働きかけては、半ば返さなくていいという前提で人民元やルーブルを貸し付けています。当然ながらタダということはなく、助けてもらった国は借金苦からの解放と引き換えに、中国なりロシアなりを盟主とした親分子分の関係を受け入れなくてはいけません。

しかしアメリカもこれと同じことを日本などに対して長年行ってきたのです。アメリカというマフィアの傘の下に入るか、それとも中国、ロシアというマフィアの傘の下に入るかの違いでしかないのだとしても、アメリカというマフィアがいよいよ世界の市場を支配しきれなくなっており、そこから資本主義のひとつの変わり目が生まれつつあることは間違いありません。

無論このことはアメリカの覇権の終わりであって、資本主義の終わりを意味するわけではありません。しかしアメリカの資本主義と中国やロシアの資本主義が、必ずしも同じであるわけでもないのです。

中国の資本主義とは？

アメリカ型の資本主義と中国型の資本主義の違いを考える上でとても重要な本に、イタリアのジョヴァンニ・アリギという社会経済学者が書いた『北京のアダム・スミス』（中山智香子監訳、作品社、２０１１年）があります。これが本当に面白い内容で、私はこの本はもっと評価されるべきだと思っています。

『北京のアダム・スミス』で書かれている内容のひとつは、世界の資本主義の中心は、古くはベネチアからアムステルダムへ、さらにロンドン、ニューヨークへと中心地を移動し続けており、現在の中心地は北京に移ろうとしているということです。ここまでは、誰でも理解できることでしょう。

ただアリギの議論の面白さはここから先の内容にあり、これまでの資本主義の中心地変遷は単に覇権国の交代を意味していただけだった、しかし中心地を北京に移してからの資本主義は、資本主義のあり方そのものが変わるというのです。

アリギによると、そのことはアダム・スミス『国富論』の中でもっとも長い第4編の小さな注の中に書かれていることでもあります。

『国富論』の第4編は、ヨーロッパの発展の礎となってきた重商主義についての章であり、スミスはここで重商主義の本質が他国の富を奪う略奪的な貿易システムであると批判しました。そしてアリギはこの編に出てくるごく短い注釈に着目し、中国の資本主義は欧州のそれとは対照的に、略奪ではなく、相互協力と相互分配によって成り立つシステムであったことにスミスは気づいていたはずだと言います。

アリギ曰く、ヨーロッパが中国のような互恵的システムを作れなかったのは、ヨーロッパでは中国のように大陸がひとつの王朝に統一されていた期間が短く、ほとんどの時代において小国が乱立し、かつそれらの小国がどこも資源が乏しく作物も育ちにくかったために他国から略奪し合うしか方法がなかったゆえでした。

しかしこの相互の略奪関係は資本主義の原理そのものでもあり、これがあったがためにヨーロッパは発展を遂げることができました。一方で中国をはじめとするアジアではどの国も総じて食糧を含む天然資源が豊かで、他国から略奪する必要がないゆえに、お互いが分配し合うようなシステムが容易に成り立ちました。そのせいで逆にアジアはヨーロッパの羨望の的となり収奪されてしまったのです。

しかし、そうではあっても本来の資本主義経済は中国型の、社会を構成するメンバーたちの格差が比較的小さいおかげで相互に奪い合う必要がなく、またお互いに助け合うことで相互に豊かになっていくシステムであるべきだというのがアリギが読み取ったアダム・スミスの意図であり、この互恵的資本主義こそ未来の資本主義のあるべき姿でもあるというのです。

実を言うと私は、このアリギの中国およびアジアに対する分析はいくらなんでも買いかぶりが過ぎると思っているのですが、それでもアリギの主張を理解することはできます。実はこれは、発足当初のEUが目指していた理念でもあるからです。

EUはもともと、ヨーロッパの中でも経済的に豊かな、国力が拮抗している国だけが加盟する想定で計画されており、フランスのフランソワ・ミッテラン大統領とドイツのヘルムート・コール首相（ともに当時）が練ったEUの初期構想では、基本的に国民平均所得やGDPの高い国のみにとどめる予定でした。EUというひとつの枠の中で加盟国間の格差が大きすぎると、結局はそれが相互の収奪の関係になってしまうことを彼らもわかっていたからです。

しかしここにベルリンの壁崩壊以後東欧や南欧の国々を入れろとアメリカが横槍を入れてきた結果、当初の理想は脆くも崩れました。今では加盟国は27に増え、トルコ、モンテネグロ、セルビアなどの国も加盟しそうだと言われています。

この結果EUはクロアチアやルーマニアなど東欧の小国がドイツやフランスから収奪される関係、つまりこれらの国の国民がより良い仕事を求めてフランスやドイツに移動し、逆に彼らの国にはフランスやドイツの企業が容易に進出して市場を奪う関係になり果てました。だからEUは今、慢性的にトラブルを抱えているわけです。

もっとも「同じくらいの力関係の者だけによる共同体」という前提にも本来的に矛盾があります。この共同体の内部だけ力が均衡し調和していたところで、他の共同体との間に力の差があれば結局はその共同体との間で収奪が始まるだけだからです。

『北京のアダム・スミス』が説いた発想は、アジア地域の国力が平均的に高まった場合に、アジア諸国が互恵貿易的なことを始めるという程度の話でいいのであれば、現実的にありえないことではありません。

しかし世界全体における資本の運動の中では実現は不可能です。資本主義においては利潤を追求して他人よりも豊かになろうとする人間の一群がどこかに必ずおり、彼らから収奪されずに済む道は彼らを滅ぼさない限りはありません。利潤を追求することが許される限り、互恵はありえないというのが資本主義の根本的な問題なのです。

1970年代末期から80年代中頃までの日本が「1億層中流社会」と呼ばれるほどに均質性が高い、格差の少ない社会を実現できたのも、世界中に工業製品を輸出して、他の国から搾取していたからです。

ただ互恵的かどうかは別にして、資本主義にもいくつかのパターンがあるということは言えるでしょうし、中国が目指している資本主義とアメリカ型の資本主義にはひとつだけ決定的な違いがあります。

中国型の資本主義は、少なくとも過去200年の間に西欧社会が他の大陸で行ってきたような赤裸々な外部からの収奪は行っていません。また貧富の差の拡大と、飛び抜けた富裕層を生み出すことにも慎重であるという特徴もあります。

特に我々にとって驚きなのは、西欧社会がアフリカで旅客鉄道さえ敷かなかったのとは対照的に、アフリカや中南米において橋や鉄道など、それぞれの国で必要とされる大型インフラを無数に作っているという事実です。

インフラを作る中国型資本主義

これはまさに摩訶《まか》不思議なことであり、理論的にはどう考えても割に合わない、少なくとも短期的には絶対に儲けにならないことを中国はやっています。

中国政府が、それぞれの国に、おカネを貸していることも事実ですが、かといってそれが中国の儲けになる見込みもほとんどありません。

なぜなら中国がインフラを作ってあげている国の国力（与信）からすればとても返済できない額のお金を中国は貸し付けているからであり、それを返済できるとは中国政府の側も期待していません。中国が貸し付けている人民元の額と、返済可能な額を厳密に秤にかけて考えた場合、中国が財政的に破綻してもおかしくない額になるはずです。

アメリカも同じように他国に金を貸しては借金漬けにすることを繰り返してきたのは先ほども述べたとおりですが、アメリカの場合は借金漬けにした国のインフラには投資しません。代わりに何に投資するかというと、その国において最も効率的に儲かる産業（フィリピンならばバナナ、チリであればワイン用のブドウなど、基本的に一次産業）に投資し、その収益によって返済させます。要するにその国の国民たちが必要としている産業のことなどお構いなしに農業しか存在しない国にし、国全体をプランテーション化してしまい、完全に属国化していくのです。

チリは私も訪問したことがありますが、チリはスペインから独立を果たしてから200年も経っているのに未だに完全な農業国で、工業はあまり発展していません。

それは基本的に、チリのプランテーションや鉱山を経営している一部の資本家がこの国の経済を支配しており、彼らがワインや硝石を海外に売って利潤を稼ぐ体制を維持する上では、国が工業的に発展するのはむしろ不都合だからです。

チリには一面にブドウ畑が広がる広大なワイン農場がたくさんありますが、実際にこの農場を経営しているのは多くの場合、外国人のワイン農家です。チリの学生たちはいつまでもワインばかり作っていても一部の大農場主を潤すだけで国の発展につながらないと不満を感じていますが、政権を掌握するのは常にアメリカの傀儡のような政治家だったので彼らの希望はなかなか叶いません。

これに対して中国がやっているのは、道路やダムの建設です。これらをアフリカを植民地支配していた欧州各国は約100年もの間行っていなかったことを考えると、これは本当に驚くべきことです。

中国のバブルははじけない？

問題は何のために中国がこんなことを自分の国が破綻するリスクまで背負いながらやっているかですが、このやり方は国の経済運営のモデルとしてはあながち間違いではありません。国が財政赤字まで出しながら公共事業を進め、それによって経済全体が循環するというのは一種のバブル経済が成立している状態でもあるからです。

もちろんこれが普通の資本主義国ならば、バブルである以上はいつかはじけるでしょう。普通の資本主義国の場合、銀行や不動産会社はどこも民間の企業ですので、そのうちのひとつが資金繰りに行き詰まり、ひとつが倒産するとドミノ倒しのように連鎖倒産が起こり、バブルがはじけたと気がついた時にはもう後の祭りです。

しかし社会主義体制ではこの恐慌が起きることはありませんでした。社会主義国の場合は計画経済ですから、モノの供給量は政府があらかじめ決めていて、計画した以上は生産せず、市場への供給もしないからです。ですから恐慌の始まりである「モノが売れない」という事態は基本的に起こりえず、我慢しなければいけないのはひたすらモノ不足に悩む買う側でした。

無論現在の中国は資本主義であり計画経済を実施しているわけではありませんので、今の話はバブルがはじけない説明としては当てはまらないものではあるのですが、しかしそれでも、現在の中国とかつての社会主義国で唯一共通する点もあります。それは社会主義の場合、計画経済にミスが生じ「モノが売れない」状態が仮に現出したとしても、最後には国がすべての面倒を見る（したがって連鎖倒産も起きない）、ということです。

現在の中国政府も、企業が倒産した場合にすべての面倒を見るという点では社会主義体制の時と変わっていません。2021年夏には中国不動産開発大手の「恒大集団」が経営危機に陥りましたが、この時も中国政府が負債を抱えたことで破綻を免れました。これがアメリカや日本ならば連鎖倒産が起きていたはずです。

この中国型の資本主義は、鄧小平以降に展開したものですが、形式としてはかつての社会主義陣営が批判していた国家独占資本主義、つまり国営企業が市場や土地を独占し、すべてが国を中心として動く体制に近いものです。

ただし唯一違うのは、政府がすべてをコントロールすることで資本の自己運動をあらかじめ抑止しているという点です。実際中国型の資本主義では、共産党の一部の幹部が私腹を肥やす例もあるものの、特定の国営企業経営者や共産党幹部が極端な富裕層になるというケースは見られていません。

こうした中国型資本主義が21世紀の世界において、収奪型の欧米型資本主義に代わる主流となっていく可能性がないとは言えません。

『資本論』のここを読む
第1章　資本主義は限界なのか

日本が不景気なのはなぜか？

恐慌について

『資本論』は恐慌についていくつかの歴史的例示と、その理論的原因をいくつか挙げています。理論的な点で参照すべきは、流通と生産がいつもアンバランスであることを主張している『資本論』第一巻の3章の「貨幣または商品流通」の部分で、これは恐慌の可能性といいます。

しかし、実際恐慌が起きる現実性の問題については、第一巻ではあまり説明していません。強いて挙げれば、労働者の過剰人口の問題と恐慌の関係について問題にした、第一巻23章「資本主義的蓄積の一般的法則」です。

本格的な恐慌の分析は、『資本論』第二巻と第三巻で、特に3点からこの問題を論じています。（1）生産手段生産部門と消費財生産部門の不均衡、（2）利潤率の傾向的低落の法則、（3）信用の問題です。第一の問題を取り扱うのは、第二巻の20章「単純再生産」です。第二の問題を取り扱うのは、第三巻15章「利潤率の傾向的低落の法則の内的矛盾の展開」です。そして最も複雑な過程である、現代資本主義の信用システムのもとでの恐慌については、未完成ながらも第三巻の第5編「利子と企業者利得への利潤の分割。利子生み資本」で触れています。

資本主義は限界なのか？

単純生産社会と拡大生産社会について

『資本論』第一巻では、21章に「単純再生産」という項目がありますが、理論的に深く理解するには、『資本論』第二巻の第3編「社会的資本の再生産と流通」が重要です。

資本主義は収奪から始まった

絶対的剰余価値と相対的剰余価値について

『資本論』第一巻の第3編「絶対的剰余価値の生産」、第4編「相対的剰余価値の生産」を参照してください。できればその次の第5編「絶対的剰余価値と相対的剰余価値の生産」も参照してください。

本源的蓄積について

資本主義経済が出発する前の資本の蓄積過程の問題ですが、それは『資本論』第一巻の最後の部分、第7編の「資本の蓄積過程」を参照してください。ここで、海外植民地も地域からの歴史的収奪過程も述べられています。

企業の経済活動とグローバル化の関係

自己増殖運動について

資本の価値増殖の過程については、『資本論』第一巻の5章「労働過程と価値増殖過程」を参照してください。資本主義社会が他の社会といかに違うかが説明されています。

グローバル化と帝国主義

帝国主義について

グローバル化については、『資本論』では十分分析されていないのです。マルクスは、最初の執筆計画では、最後に世界市場について論を展開するはずでしたが、プランを変えたのか、それともそこまで到達できなかったのかわかりません。『資本論』では国内の資本の問題に限定されています。『資本論』の最初の草稿、『経済学批判要綱』(1857-58年草稿)では、「資本の文明化作用」という問題、つまり資本が世界を文明化するという観点から書かれています。また『共産党宣言』の第1章が、この問題を簡潔に取り扱っているので、参照してください。また帝国主義という概念は、『資本論』が書かれた時代ではいまだ明確ではなく、むしろレーニンの『帝国主義論』、そしてヒルファディングの『金融資本論』を参照してください。

「市場拡大」が要請した「植民地解放」

植民地について

『資本論』第一巻の最終章25章「近代植民理論」という項目がありますが、これはアメリカ大陸のことを問題にしていて、本章でいう帝国主義のもとでの植民地は問題になっていません。マルクスは晩年フランスの植民地アルジェリアを旅行しますが、そこで本章でいう植民地について実際に体験しています。

「民主化」も資本主義の必然

民主化と文明化について

この問題は資本の文明化作用という問題で、『資本論』では直接語られていません。『経済学批判要綱』以外でも、ニューヨークの新聞『ニューヨーク・デイリー・トリビューン』に送った記事の中で、インドにおけるイギリス資本の文明化作用について語っています。

グローバル化の最後の標的

労働力の商品化について

『資本論』の冒頭の1章「商品」で、商品について分析しています。労働力も貨幣もともに商品であることが語られ、4章の「貨幣の資本への転化」で労働力の商品化が資本主義形成の重要なモメントであると述べられています。

貨幣とは何か

貨幣について

当然ですが、マルクスの時代は、ドルではなく銀や金が正貨として国際貿易で使われていました。デジタル通貨などという概念は彼の時代には考えようもありませんでした。しかし、貨幣についてマルクスは『資本論』第一巻の1章「商品」と3章「貨幣または商品流通」で基礎的な理論を展開しています。そこに5つの機能、価値尺度、流通手段、蓄蔵、支払手段、世界貨幣という項目がありますが、デジタル通貨を考える上でも、資本主義社会における貨幣の持つ機能についてしっかりと学んでおくことは重要です。

信用の正体

信用と貨幣について

マルクスは第一巻の貨幣論では正貨（金）を問題にしていますが、第三巻の第5編では「信用」について分析しています。商品の実体からしだいに信用が増大し、擬制資本として信用が膨張していく姿を描いています。現在使われている紙幣は、ドルにしても円にしても、一覧払手形、すなわち信用手形です。かつてドルは金にリンクしていましたが、今はリンクしていません。信用創造によって作られた紙幣は、不安定であることは当然です。信用は常に実体の裏付けを必要としています。その裏付けが未だに金なのです。だから国立銀行の準備金である金の量は今も大きな意味を持っています。通貨学派と銀行学派の論争が第三巻28章「流通手段と資本」にありますが、この議論を参照するとこの問題も見えてきます。

中国の資本主義とは？

資本主義の新しい可能性について

マルクスは資本主義についてイギリス以外のヴァリアントを考えていません。いやその必要性がなかったからです。資本主義発生の歴史については、イギリスをモデルとして考えています。『資本論』の例示は、ほとんどイギリス資本主義です。イギリスにおいて資本主義が発展した過程は、『資本論』第一巻の第3編、第4編の歴史的な叙述に書かれていますが、すべてイギリスの例です。イギリスは海外から資本を蓄える一方、国内で少しずつ資本蓄積を行ったのですが、イギリスに続くフランスやドイツの資本主義はこれと同じではなく、国家の保護のもとに行われたのです。マルクスもそうした資本主義の例として、ルイ・ナポレオンのフランスを『ルイ・ボナパルトのブリュメール18日』で取り上げていますが、ただ資本主義のメカニズムとしての法則は同じです。

『資本論』第三巻第5編の27章「資本主義的生産における信用の役割」という項目で、資本主義社会の信用によって生まれた株式会社がしだいに資本の私的性格を失い、社会的になるのだと述べています。それが共産主義であり、国家と企業が一体化していくというのですが、資本主義の中で国家と融合する資本主義があれば、そこに新しい可能性があるというのです。

第2章

働くことに意味はあるのか

［労働］

19世紀の医師・天文学者で、化学の知識をもとに当時の工場経営者らを顧客にコンサルタントのような仕事もしていたアンドリュー・ユーアという人物がいます。ユーアは著書『工場の哲学』で、科学技術は産業生産を発展させるだけでなく労働者たちを労働の苦しみから解放し、労働者たちの生活向上にも資するものであり、したがってもっともっと発展すべきなのだと滔々《とうとう》と述べました。

このユーアの論を、マルクスは『資本論』の中で度々引用しては皮肉たっぷりに批判しています。

今となってはマルクスに指摘されるまでもなく、科学技術が実際に労働者にもたらしたのはユーアが想像した未来とはかけ離れたものでした。科学技術の発展により、工業生産の現場では分業がより細分化され、労働時間はより延長され、時間当たりの賃金は逆に引き下げられたことで生活はむしろ悲惨になっていったからです。

そもそも蒸気機関の発明さえなければ農民たちが土地を追われて工場で労働者として働くこともなかったでしょうし、工場で働くとしても、機械の性能が低い時期の方が、個々人の労働力を資本家は高く買わざるをえないので過酷な労働を強いられることはまだそれほどありませんでした。それが機械の性能が上がるにつれ、機械を人間が動かすというよりは人間が機械の部品の一部であるかのようになり、労働者は朝から晩まで働いても生活していくのがギリギリの賃金しか得られなくなってしまいました。

また、従来ならば1000人の労働者を雇用しなければ目標とする生産ができなかった工場でも、機械の性能が上がったことで半分の500人がいれば足りるため、その分雇用が失われるパターンもありました。

ただマルクスの生きた19世紀はもちろん、20世紀の大半の時代においても、科学技術によって労働者が「ゼロになる」事態は想定されておらず、どれだけ機械化が進もうと最小限の労働者は必要とされる前提でした。その前提が21世紀になってAIが登場したことにより、ついに崩れるかもしれないと言われています。

コンピューターが人間のプログラミングに頼らず自律的に学習・思考し、過去の何百万、何千万通りのデータをもとに最善の方法を考案できるほどに進化したこと、またそのAIによって動かされるロボットの運動性能も高まったことにより、肉体労働や工場での単純作業ばかりでなく、文書の作成や経理といった事務的な仕事も人間より機械の方が効率的にこなせるようになりました。

アメリカのコンピューター科学者レイ・カーツワイルは、AIは2029年頃には人間並みの知能を獲得し、2045年にはいわゆるシンギュラリティ、つまり人類の何億倍もの知能を持つ「技術的特異点」に到達すると予測しています。

ここまで来ると投資銀行のファンドマネージャーや広告プランナー、経営コンサルタント、あるいは理科系の研究者やエンジニアなど、これまでは高度に知的な判断が要求されると見られた仕事に関しても、人間でなくAIに任せるようになっていくでしょう。

マルクスは『資本論』において、機械化によって労働者が仕事を奪われていくプロセスを詳しく論じましたが、この時に彼の念頭にあったのは肉体労働や単純労働であり、下級中産階級である事務労働者の仕事まで消滅する事態まではさすがに言及していませんでした。

賃金なき世界で誰がモノを買うのか

経済とはスミス以来長らく、人間が作った商品を人間が売り、人間が買う一連の行為を意味していました。

しかしAIによって商品を作り出す過程に人間が全く介在しなくなるのであれば、AIを生み出した資本主義それ自体にとっても問題が生じます。AIが労働者から完全に仕事を奪った結果、誰も賃金を貰えない状況が出現すれば、もはや誰もモノを買ってくれなくなってしまうからです。

ある商品を開発し売っている企業があるとして、この商品を企画し、製造するのも、宣伝や事務作業も機械が全部やってくれるとなれば、この会社に必要な人間は経営者だけ、ということになります。こうした仕組みの会社が世の中にこの1社だけなら他の会社に勤める労働者が、その会社の商品を買ってくれるでしょうが、他のどの会社も人間の従業員を雇用しないなら、賃金を貰っている人が誰もいなくなります。

これはあくまで仮定のモデルではありますが、このような世の中で資本主義が存続するためには、消費者を確保するために従来とは全く別の手立てが必要となります。

ただこれには別の可能性もありえます。現在考えられているAIと人間の理想的な関係のひとつは、人間がやらなければいけないけれど非常に過酷な仕事「のみ」をロボットが代行し、人間もAIに一時的に仕事を奪われはするけれど、代替的な仕事は社会的に用意され、問題なく暮らしていけるというものです。

たとえば原子力発電所内部にある、放射線量がきわめて高い場所での作業はＡＩ搭載のロボットが完全に人間の代行をし、原発労働者たちは別の業種で雇用されるというかたちです。

ただ私はこのシナリオには懐疑的です。なぜなら資本主義において資本は常に最も投資効率の高い分野に自らを投資しようとするものであり、その運動法則を曲げることは決してないからです。ですから、仮にロボットへの投資が効率的ならば、ロボットへの投資が促進されるでしょうが、効率的でないと資本が判断した場合は起こりえません。

行き場を失った労働者たちに、自分の懐から賃金を払って雇用を確保してやろうという発想が、資本主義の論理から出てくることは絶対にありません。

馬とロボット

となれば企業が自らの欲望に忠実にオートメーション化を促進した結果としてあぶれた労働者たちが救済されるには、国の社会福祉政策に頼るしかありません。

近年、国民全員に生活に必要な最低限のおカネをあらかじめ支給するベーシックインカムを導入し、あらゆる社会保障をこのベーシックインカムに一本化すべきではないかという議論が行われているのも、AI時代に消費者を確保しようとする文脈から出ている発想だと見ることもできます。ただベーシックインカムのような福祉政策は、当然ながら国が企業に対して、非常に高い税金を課すことでしか実現できません。

するとここで当然出てくるのが、「そんなことを資本家が許すだろうか？」という疑問です。ベーシックインカムが仮に良い案だとして、財源確保のための高い税金を資本主義体制の政治家が資本家に負担させられるでしょうか。

この政策を実現するためには、よほど強大な国家権力と、それを動かすだけの強大な労働者たちの運動が必須であることは間違いありません。

そもそも、労働者たちが完全に働くのをやめてしまい、ベーシックインカムを貰って資本家が作ったモノを消費するだけの存在になると、資本家たちだって「私は食って寝るだけの大衆を養うためにロボットに投資したのか」と思うでしょう。仮にそう思わない資本家がいたら素晴らしい慈善家ということになりますが、現実にはまずいないと思われます。

資本家たちがロボットへの投資を後悔せずに済むのは、唯一「自分の事業を人間にやらせるよりもロボットに任せた方がトータルの儲けが多い」という状況が成立している場合だけです。これが成立しないのであれば、ロボット導入のためにおカネを投資した投資家たちの大半は、「ロボットに働かせるのはもうやめだ。人間を安く働かせよう」と言い出すでしょうし、投資家の中でも賢い人たちは、最初からロボットへの投資などしないでしょう。

だからマルクスは、『資本論』をはじめとした様々な著書で、資本と科学との関係について、「企業の近代化は科学の発展によって成し遂げられるのではなく、ただ資本家が『これを利用すれば儲かる』と思った、その気持ちによって成し遂げられる」と断言しており、さらにこれを説明するために、『資本論』第一巻13章で船と馬と女性の関係を例に挙げています。

昔、エンジンがなかった時代の船は、川の流れに沿って川上から川下へと下ることしかできない乗り物であり、下り終わったら一旦陸に引き上げ、また川上へと運ばなければなりませんでした。

ですからその当時、船による旅客・運輸サービスが行われている川の脇には必ず道路も敷かれており、船運業者は川を下り終わった船をロバや馬に引かせて川上まで運んでいました。

ところがこの船を川上に引き上げる作業を行うにあたり、馬1頭を飼育するコストよりも人間1人を雇う方が安く済んだとすれば、船運業者は当然、人間を使います。当時のイギリスでは、この曳航の仕事を人間、それも非人道的なことに、成人男性よりも賃金が安上がりな女性にやらせる例がありました。

人間の女性より馬の方が船を曳く仕事を効率的にできるのは疑いないにもかかわらず、単に馬より安いという理由だけで女性が雇われていたこの例と同じように、資本家というものは安上がりでさえあれば機械よりも人間を使うものであって、単に性能がいいというだけで機械を使う資本家はいないとマルクスは説明するのです。

AIやロボットも同様に、導入コストや維持費が人間を雇うより安く済むか、あるいは人間を使役するのとは比べ物にならないほどの利潤が稼げるのであれば資本家に好まれるでしょうが、そうでないなら見向きはされないでしょう。

シンギュラリティは「経済学的に」実現するか

優れた発明や新技術であるにもかかわらず、コストが高いという理由で普及しなかった例は歴史上いくらでもあります。

最近ではシェールガスがそのひとつの典型です。シェールガスは、これまで手付かずであったとても古い地層にあるためその量は莫大であり、世界のシェールガスの全埋蔵量を回収できれば、世界の200~250年分以上のエネルギーを賄えると言われています（環境の破壊を問題にしないという前提で）。またアメリカはシェールガスの埋蔵量が世界2位である上、採掘に関する技術を独占していることから、一時は2020年頃までに天然ガス生産の50%がシェールガスに切り替わり、アメリカは世界最大のガス輸入国から一転して輸出国になるという期待も持たれていました。

しかし「シェールガス革命」は起きませんでした。シェールガスを採掘するには莫大な初期投資が必要な上、生産量が増えるほどに価格の低下を招いて、ガス会社が掘れば掘るほど赤字となってバタバタと倒産してしまうのです。

そしてこのシェールガス革命の挫折には大国間の覇権争いも絡んでいました。アメリカがシェールガスの採掘を開始するのに合わせて、ロシアがウラジーミル・プーチン大統領の指示のもと天然ガスの価格を一斉に下げ始めたのです。ロシアの安い天然ガスとの価格競争に敗れアメリカのシェールガス会社が大方倒産すると、プーチンは悠然と天然ガス価格を元に戻しました。

先ほども述べたようにコンピューター学者たちはAIが2045年までにシンギュラリティを迎えると言っており、技術的なことのみ考慮する限りそれは実現するのでしょう。しかし「企業の近代化は科学技術ではなく、資本家にとっての投資効率によって決まる」という、マルクスが看破した鉄則はAIに関しても当てはまります。

ですからロボットが安く大量に開発できるようになり、ロボットの導入コストが労働者を雇用するよりもはるかに安く済むようになるなら普及するでしょうが、そうならない限りは実現しないでしょう。普及が遅れれば、AIがシンギュラリティを迎える時期も予測どおりにはならないかもしれません。

また、人間によって妨害される可能性もあります。マルクスは『資本論』の中で、産業革命は、もっとずっと早く起きていたはずなのに、そうはならなかったのは、中世において発明家たちが、その発明家の発明によって仕事を失うことになる人間たちから殺されたからだと書いています。それはもしかしたら半分くらいは事実かもしれません。

現在の世界には、AIが知的労働者の仕事を奪う事態を阻止するためにその開発を規制を求める動きもあり、「ネオ・ラッダイト運動」と呼ばれています。これはもちろん、マルクスが生まれる少し前の1811年に起きた「ラッダイト運動」、つまり紡績機械の登場によって仕事を奪われた手工業者たちが集団で機械を破壊した運動の現代版という意味であり、ここには本家のラッダイト運動と同じく、無駄なあがきに終わるだろうという揶揄の意味も込められているのかもしれません。

しかし人間が抵抗しようとしまいと関係なく技術は必ず進歩するのだという考え方は、経済学的に見ればいささかナイーブに過ぎる見方です。

ベーシックインカムの「基準」をどう決めるのか

ところでベーシックインカム論はAIとの関係を抜きにしても人気があるようで、私が学生にレポートを書かせても、「将来、ベーシックインカムができるといい」と支持する人が必ず数人はいます。

ただベーシックインカムにも難点があります。特に「ベーシック」、つまり生存のための必要経費の額をどうやって決めるのかについては、かなり厄介な問題です。

この点で参考になりそうなのが、19世紀前半にジョン・スチュアート・ミルら当時の経済学者が唱えた「賃金基金説」という賃金に関する理論です。

賃金基金説では、資本家が労働者に賃金として支払う資本部分（基金）は生産力の向上により増大はするものの基本的に一定額であり、賃金は基金を全労働者の数で割った額であるとされます。

当時、社会主義者や労働者たちは資本家に対して、「賃金を上げろ」と盛んに要求しました。それに対してミルらは、賃金は基金の総額以上になることは決してないので、その上限以上を要求しても意味がないと主張したわけです。

労働者にとっては不利で、資本家にとっては有利に働く理論ですが、この理論をベーシックインカムと結びつけて考えるなら、先ほどの「ベーシックインカム」の「ベーシック」の額を決めるのは比較的簡単になりそうです。つまり国民の生活費用総額としての基金を、全国民の数で割ればいいという話になるからです。

しかし残念ながらこの理論を、マルクスやフリードリヒ・エンゲルスは否定しました。

マルクスの「労働価値説」では、労働者は労働することで、自分自身の労働力商品としての価値額を超える価値を資本の生産過程において生み出しており、この超過分は「剰余価値」と呼ばれます。労働者が自らの労働力を商品化している8時間の労働時間のうち、現状4時間分が労働者の賃金で残り4時間分が剰余価値であるとするなら、資本家はこの4時間分の剰余価値を搾取していることになります。

しかしここで8時間のうち5時間分を労働者の賃金にし、剰余価値を3時間分にとどめるなら、賃金を上げることは可能です。それゆえにマルクスは、ミルらが考えた基金なるものは存在しないと結論したわけです。

私もこのマルクスの論は基本的に正しいと考えます。ただそうなると、ベーシックインカムを導入するにあたって一体何を根拠にすればいいのか、誰にもわからないということになってしまうのです。

ベーシックインカムと最低賃金

現時点で（年金や生活保護を別として）ベーシックインカムを導入している国はありま

せんが、これと比較的似ている既存の制度に「最低賃金」があり、現代ではほとんどの先進国が、これを「労働者たちが生活していくための最低費用」として導入しています。

ただこの「労働者が生活するための最低費用」を決める際の明確な基準にしても、あるようで実はありません。

たとえば東京都にも最低賃金があり、2022年10月からは1072円になると定められています。ただこれも実際の雇用の現場ではフリーターや派遣社員など非正規雇用者を雇う際の基準であり、常勤労働者を雇用する際にはあまり参照されていません（とはいえ、常勤雇用者の月の総労働時間を時間ごとに割った場合、最低賃金を下回るのは違法です）。

また最低賃金は国によってもかなり違います。たとえば、フランスの法定最低賃金は2022年9月現在、時給11・06ユーロであり、日本円に換算すると1500円ほどになりかなり高額です。

アメリカは州や市によってまちまちですが、連邦最低賃金が7ドル25セント。一方で同じアメリカでもロサンゼルス市の最低賃金は時給16・04ドル（2022年7月1日以降）とずいぶんな開きがあります。

このように、一人の人間が生きていくための最低費用は国によってもバラバラであり、それぞれの地域の地価などを参考にしながら「なんとなく」決まっているというのが現実でしょう。

しかも、現実の賃金を最低賃金未満に下げられないかといえば、そんなことはありません。賃金は需要と供給で決まるものでもあるので、何らかの事情があって最低賃金以下でも働かせてほしいという人が世の中にいる場合は、法律を無視するなら賃金を限りなくゼロに近づけ、奴隷同然に使役することさえ可能になります。

特にわかりやすい例が、移民労働者が最低賃金以下で働かされる例です。

かつて、スポーツウェア大手のナイキが、アメリカ・カリフォルニア州のスニーカー工場で、不法移民としてアメリカに入国していた外国人労働者を大量に集め、最低賃金を大幅に下回る低賃金で雇用していたことが発覚し問題になりました。

この事件でナイキが外国人労働者たちを最低賃金未満で雇えたのは、仮に労働者たちが待遇の不満を訴えようものなら、会社側は彼らが不法移民であることをすぐさま当局に通報するであろうし、そうなれば自分たちもアメリカにいられなくなるということを労働者もよくわかっていたために訴えられなかったからです（最終的には感心なことに、地元の高校生の不買運動でなくなりました）。

私が旧ユーゴスラビアで暮らしていた頃、旧ユーゴスラビアの国民の平均賃金は当時の日本円の価値にして4万〜5万円程度でした。同じ頃の日本の平均賃金はおそらく30万円近かったと記憶していますので、非常に安かったわけです。

ところが、旧ユーゴスラビア国民の生活がどうかといえば、日本よりずいぶん豊かなものでした。食料品も鉄道の運賃も安いし、住宅も広くて立派なのに安い。あくせく働いているわけでもなく、夏になると普通の人たちが避暑地のアドリア海沿岸に所有している別荘でヨット遊びをしていました。

もちろんその彼らも海外旅行をすると物価が高くて困ってしまうのですが、国内で生活する分には何も困りませんでした。

こうした、旧ユーゴスラビアのような社会主義の国では最低賃金が月4万円でも困ることはないのですが、私たち日本人がいきなり月4万円しか渡されないのでは、とても暮らしていけません。

そう考えると、最低賃金にしてもベーシックインカムにしても、その社会における最低限の生活費を計算するのは簡単な作業ではありません。少なくとも、その社会が提供できる公共サービスとのバランスから考えられる必要があります。

原資をどこから取るか

またベーシックインカムには、これだけの大型の社会保障政策を実施するだけの原資を、どこに求めるのかという問題もあります。

日本の国内総生産は現在約500兆円で、政府の毎年の予算はその20％に相当する約100兆円です。仮に現在の国民が賃金として受け取っているのと同じ程度の生活費を国が払うとすると、おそらく300兆円ほどの予算をベーシックインカムのためだけに組まなければならなくなるでしょう。

仮に理想的なモデルが成り立つとすれば、日本国全体がもうモノづくりを一切やめてしまって、総額で1京円（1兆円の1万倍です）あるとも言われる国中の金融資産をかき集めて、世界中に貸し付け、その利子をベーシックインカムに充てるという方法になるでしょう。いわば国民全員が金利生活者になるようなモデルです。

ただこれも言葉で言うほど簡単なことではありません。ベーシックインカムにかかる年間300兆円の利子を稼ぐには、1京円の元手があっても3％の利率が保証されていなければならず、仮に500兆円かかるなら5％の利率が必要です。今の世界的に利率が下がっている状況の中、本当に3〜5%の利回りを確保できるでしょうか？

私は難しいと思います。なぜなら日本がこれを行う時には世界中の資本も過剰となり、借り手がいなくなるからです。

借り手がいないということは、利子率が下がるということです。ただでさえ今、世界的に資本は余っており、1京円どころではない、その何倍ものお金が行き場を求めて彷徨《さまよ》っています。さらに、これにレバレッジがかかっていますので、どこかの国に借り手がいればいくらでも貸すでしょう。特にアメリカは貸したくて仕方がないはずです。

しかしそうなると、もはやいくら元手があったところで、利子などつきません。利息生活は絵に描いた餅になります。

次にもう少し現実的な方法として、国民がベーシックインカムをある程度の額貰うけれど、同時に勤労もするというモデルを探ってみましょう。国民が今のような「1日8時間・週40時間」の労働はやめるとしても、その半分程度働くことで、ベーシックインカムにかかる予算を300兆円ではなく150〜200兆円まで圧縮するのです。他の社会保障もすべてベーシックインカムに一元化するなら、これは可能かもしれません。

しかしこの場合も、労働者が働く動機づけをどうするのかが課題になります。

今の社会にあっては、労働者が働く動機づけはごく簡単です。ほとんどの人は賃金を貰わなければ生きていけませんし、そこまで追い詰められていない、ある程度は余裕のある人も、今より高い賃金をもらうことで良い生活をしたいと思うからこそ働いています。

しかしベーシックインカム体制における労働はあくまで補助的なものなので、賃金が増えるということは基本的にありません。何年働いても賃金が増えない労働に、人は素直に従事するでしょうか？

こうした問題も考えると、ベーシックインカム論というのは、どこかの比較的小さな共同体で小規模なモデルとして行う分には、ある程度成立するかもしれませんが、国のような大きな単位で、いきなり始めるのは非常に難しいと思われます。

ベーシックインカムと社会主義

以上のことを総合して考えれば、現在の世界でベーシックインカムが導入されることが仮にあるとしても、それは労働者の賃金を押し下げるために部分的に利用されるだけで終わるでしょう。ベーシックインカムとは言うものの、「ではそのベーシックとは何か」という議論が起きた際に、資本家や政府は人間が生きていくことが可能な本当に最低限のギリギリのラインまで引き下げようとするのではないでしょうか。

ただし資本主義の文脈から離れるのであれば、ベーシックインカムを別のバージョンへとデザインし直すことも可能です。

AI化が進んだ結果、一方で起きている現象のひとつに、労働者たちが介護労働や保育士など、人間と人間とが触れ合うような仕事に少しずつシフトしつつあることが挙げられます。それらの仕事は現状まだまだ低賃金で社会的地位も低く見られているかもしれませんが、本来なら社会において最も重要な仕事です。

現在の世の中にあるようなキツい仕事のほとんどは皆AIがやってくれるようになって人間は解放され、その代わりに近所のおじいさん、おばあさんの肩を揉みながら話し相手になってあげたり、地元の少年野球チームのコーチをしたりといった仕事をやることで毎月20万円貰うということは、絶対にありえないことではありません。

ただしこれは、世の中に資本家が存在し、資本が世界のどこへも自由に移動し自己増殖をし続ける限りは不可能です。資本の動きを社会が掌握し、私的所有を禁止し、すべての企業を利潤を目標としない国営企業に変える必要があります。

現在の社会で企業が挙げている利潤に対し、きわめて高い税金を取ることでベーシックインカムのような制度は成立します。かつて社会主義国は企業の利潤を福祉に回していました。労働者が資本を掌握し、資本の自由な運動を止めることに成功した状態を社会主義といいます。

資本の運動を止めよ

現在の世界は、少数の資本家と彼らに所有されるグローバル企業が国家を超越したオリガルヒ（少数支配者）と化し、彼らの影響力によって各国の政治家を動かせるところまで来ています。おカネがすなわち発言権でもある以上こうなるのは当然ですし、アカデミズムやジャーナリズムなど人間の知性や良心に関わる分野もオリガルヒに支配され、彼らに都合のいい存在となりつつある現状では衰退を免れません。

この状況に歯止めをかけるには、結局のところ少数のオリガルヒへの資本の集中を国家が掌握して止め、平等化し、オリガルヒの発言力を下げるしかありません。

資本を押さえられない国家は資本に翻弄されていきますし、他の国もまた同じ資本主義体制を採用している限りは共存ということはありえず、いずれはどこかに敗れます。

なぜなら資本にとって別の資本は常に敵であり、殲滅《せんめつ》しなければいけない相手であるからです。敵に倒されることへの恐怖から誰もが敵よりも常に一歩先を行くことを考え、敵が最先端の機械を導入するなら自分たちも導入するという具合に抗争を繰り返してきた資本主義が効率的に進歩できたのはある意味では当然でした。

しかし同時に社会というものは誰か一人が独占することはできないものであり、共有しなければ存続できないものでもあります。

だからこそ資本家が独り占めしようとしたものを全体に還元するという機能を、地方自治体や国家は資本主義のもとでも部分的には担ってきました。今はその機能が弱まりすぎていますが、この機能を再び活性化しなくてはなりません。

ベーシックインカムにしても、これを賃金と合算してもギリギリの生活費にしかならならないような額でも「貰えるならば」とありがたがっていただかなければいけない未来もあれば、旧ユーゴスラビアのような落ち着いた国を目指す未来もありえます。しかしすべては、労働者たちが政治に要求する力を持ちうるかどうかにかかっているのです。

COLUMN

プロ野球選手や芸能人が大金を稼げるのはなぜか

大学でマルクス経済学を教えていると、学生たちから「マルクスの『労働価値説』は現代でも成立するのか」という趣旨の質問をされることがたまにあります。

マルクスの理論では労働者が自らの労働力を商品化し、その価値は労働者の労働時間に基づくと言うが、プロ野球選手や芸能人は必ずしも長時間働いているわけではないのに年収にして1億円などのきわめて高い報酬を得ているのだから当てはまらないではないか、というわけです。

プロ野球選手や芸能人に限らず、私のような大学教授や作家などの職業の人も、成果物の価値と労働時間の長さは必ずしも比例しません（こうした労働を裁量労働といいます）。

こうした、労働時間に比例しない価値が存在しうる理由について、マルクスはワインの「独占価格」を例に説明しています。労働力も商品なのです。

通常の商品においては、その商品を生産するのに投下された労働力によってその商品の価値も決まります。

その例に倣えば、ワインもまたブドウを育てるのに何日かかり、それに総額でどの程度のコストがかかったかで価値が決まるはずですが、ワインの場合はそれで決まるのは最低価格、つまりそのワイン生産に関わった労働者たちが死ななくて済む（再生産できる）売値だけです。実際には1本800円の最低価格で売られているワインもあれば、同じように作られたにもかかわらず1本10万円の格付けワインも存在します。

これはワインという商品が、独占価格、つまり地面や天候など、このワインが醸造された地域の一定の特徴などによって決まるものであり、これを作るために投下された労働力によって構成されないもののひとつの典型であるからです。

「独占価格」はブランド品全般にも当てはまります。たとえば商店街の洋品店で売られている鞄と、ルイ・ヴィトンの鞄は使用されている皮革や縫製の技術にそこまで差があるわけではありません。しかしルイ・ヴィトンの「LV」のマークがあるとその途端に値段は何十倍にもなるのは、ルイ・ヴィトンが構築したブランドとしての価値があるからです。

ただこの価値は、一般の商品を対象とする場合には捨象《しゃしょう》されます。このような特殊すぎる例はシステム全体を考察する上ではあまり意味がなく、これらを考えるには「独占価格論」として別途考えなくてはいけないものだからです。

そもそも高価なワインやルイ・ヴィトン、あるいは芸能人のような存在を、多くの人はそのきらびやかさゆえに資本主義的と考えているかもしれませんが、これらは皆、むしろ前資本主義的な存在です。

例えば、狩野派の画家が描いたというだけで襖絵《ふすまえ》に非常に高い値段がつけられたり、あるいは千利休が気に入ったというだけで、どこにでもある平凡な茶碗を大名たちが領地と交換してまで欲しがったりなどの例は、資本主義以前の中世からいくらでもありました。

また中世においては、庶民が日常的に履く靴や衣服でも、それを作る職人の腕や個性しだいで全く出来上がりが異なるのが普通であり、一足一足が違うものでした。

しかし資本主義は、これらをむしろ逆の方向に変えました。

資本主義の登場により、ほとんどの工業製品は誰が作っても同じように出来上がるものとなりました。靴であれば、ひとつの工場で作られた100足が100足とも同じ出来のものになり、その価値はその製造工程に関わった労働者の労働時間に還元可能なものとなったのです。

機械化と分業が徹底されている現代の商品生産過程では、ほとんどの商品の価値が労働者の労働力によって決まります。

たとえばトヨタの製造工場でも、山田さんが製造ラインについたカローラよりも斉藤さんがラインについたカローラの価値の方が高い、などということはありえませんし、仮にそのようなことが起きたらもはや資本主義ではありません。ラインについているのが時給1000円で先月雇われたばかりの派遣社員であろうと勤続20年のベテランであろうと同じカローラが出来上がる前提です。

その意味では資本主義こそ、中世的な独占価格を葬り去り、社会的平均労働に転換したのであり、ルイ・ヴィトンや野球選手の独占価格を説明するには、資本主義以前の社会のあり方について説明をしないといけないのです。

ですから裏返して言えば、資本主義が終われば、世の中は再び狩野派や千利休の時代に戻ってもっと価値の多様性のある社会になるでしょうし、木登りが上手な人の独占価格がつくこともあるでしょう。

一方で資本主義は、一般の人を独占価格の幻想に巻き込もうとします。現に、政府や財界は、「高度プロフェッショナル」なる名称で裁量労働の適用範囲を拡大し、労働時間に縛られない働き方をした方が高収入を得られるかのように言いますが、そのような資本主義の外側に位置づけしなければいけない労働者など、実際にはほとんどいません。

　これは一種の「アメリカンドリーム症候群」でしょう。アメリカンドリームを摑んで成功できたのは100万人に1人で、99万9999人までは挫折しています。しかし資本主義は、成功したその1人を、あたかも自分自身と地続きの典型的な存在であるかのように見せるのです。

　このような詐術を真に受けて、一日数分パソコンの画面に見入るだけで巨万の富を築く人生を夢想するよりは、労働者としての自覚を持っていかに地に足をつけて生きていくかを考えた方が、将来のためにはずっと有益でしょう。

　そのことは困難な状況に陥れば陥るほど実感できるはずです。金融であるとか広告であるといった資本主義にどっぷり浸かった人ほど、資本主義的な社会条件から一歩外れると何もできないものですが、労働者として培った技術や経験は、(一見逆説的なようですが)意外と非資本主義的な局面でも役に立つことが多いからです。

　なお資本主義とは違う世界がどのようなものか興味が湧いたなら、中世について学んでみることをおすすめします。現代人の想像を超えてとんでもない人たちがあまりに多いので、きっとびっくりすることでしょう。

『資本論』のここを読む

第2章　働くことに意味はあるのか

人工知能の問題

ユーアの『工場の哲学』について

『資本論』第一巻、13章「機械装置と大工業」4節「工場」で、機械のおかげで労働時間が短縮されるという夢のような世界を提唱するユーアの『工場の哲学』という書物について語られます。この楽観論を、ヴォルテールの『カンディード』に登場する先生、パングロスにマルクスは喩えています。

ベーシックインカムの「基準」をどう決めるのか

賃金について

『資本論』第一巻、第6編「労働賃金」について参照してください。そこで賃金は労働力の交換価値であり、それはその労働者を再生産するための費用のことであると書かれ、時間賃金、出来高賃金について詳しく触れられています。賃金は国によって違いがあり、それは生産性によるとされ、先進国では賃金が高いと書かれています。マルクスには、講演記録である『賃労働と資本』、そして『賃金、価格および利潤』という書物もあります。

賃金基金説について

マルクスは『賃金、価格および利潤』の中で、当時第一インターナショナルの代表の一人であったミルと関係の深いウエストンを批判する中で、賃金の額は固定した額であるという見解について批判しています。

ベーシックインカムと最低賃金

フリーターや派遣社員について

『資本論』では、非正規雇用について第一巻の23章「資本主義的蓄積の一般的法則」の3節「相対的過剰人口または産業予備軍の累進的生産」そして4節「相対的過剰人口のさまざまな存在形態。資本主義的蓄積の一般的法則」の中で展開しています。

原資をどこから取るか

一国家の国民が利子だけで生活できるかについて

マルクスは、『資本論』第二巻の17章「剰余価値の流通」のところで、こうした問題をイギリスのリカード派社会主義者ウィリアム・トムソンを例に出して説明しています。それはとても無理だということです。当時のイギリスとアイルランドの人口は2000万人として計算しています。

ベーシックインカムと社会主義

社会主義社会での賃金について

社会主義社会での賃金についてマルクスは『資本論』で言及していません。敢えて挙げるとすれば、『ゴータ綱領批判』でフェルディナント・ラサールの賃金鉄則について批判し、社会主義社会での賃金について述べているところです。この書物を参照してください。

資本の運動を止めよ

資本主義の後に来るもの

『資本論』は未来社会については、断片的にしか語りません。ただし『資本論』第一巻の白眉とも言われる部分は、最終編の第7編24章「いわゆる本源的蓄積」で、資本主義社会の歴史的法則について述べ、それがやがて克服されることを予告する箇所があります。「生産手段の集中と労働の社会化は、そうした資本主義の枠と調和しなくなる点まで至る。そして、その枠は破壊される。資本主義的私有の最後を告げる鐘が鳴る。収奪者が収奪されるのだ」。

第3章

戦争はなぜなくならないのか

「国家と戦争」

序章で少し触れた、ゾンバルトという19世紀後半から20世紀前半にかけて活躍した経済学者を覚えているでしょうか。

ゾンバルトの理論の面白さは、資本主義を「モノを作る側」ではなく、「モノを消費する側」の立場から解明しようとしたことにありました。

それまでの経済学者たちは、スミスもデヴィッド・リカードもマルクスも、またゾンバルトの同時代人であるウェーバーも、経済を「モノを作る側」の立場から分析しようとしました。私自身も彼らのこの姿勢は基本的に正しいと考えますし、経済は「モノを作る側」から考えないと本当の理解はできないという立場に立っています。しかし多くの現代人からすると、もしかしたらゾンバルト的な資本主義理解の仕方の方がわかりやすいかもしれません。

マルクスやスミスら従来の経済学者たちが客観的価値学説、つまりモノの価値を測るのに、それを作るのに要した労働時間という客観的な要素に立脚しようとしたのに対し、ちょうど帝国主義の時代に入る1870年代以降、オーストリアのカール・メンガー、スイス（ローザンヌ）のレオン・ワルラス、イギリスのスタンレー・ジェヴォンズらが「価値は買う側の気持ちで決まる」という主観的価値学説を唱え始めました。

中でも代表格であるメンガーは、主著『国民経済学原理』の冒頭で「タバコという商品を続けて吸うと、1本目は旨いと感じられるが、2本目の味は1本目に劣る。3本目を吸うともうこれ以上吸いたいとは思わなくなる。つまり、モノの価値とは、それを扱う人間自身がどう思うかで全く異なるものなのだ」と述べています。

たしかにある会社が素晴らしい商品を作ったところで、その商品が市場にあり余っていれば価値は下がります。

また「この商品を開発するために我が社は100億円を投資した。だからこの商品には100億円の価値がある」と言い張ろうと、主観的価値学説の論者たちに言わせれば、「売れなかったのであればその商品に価値はなかったことになる。しかし逆に、開発コストが1億円しかかかっていなくても100倍の100億円で売れた商品が仮にあった場合、その商品には実際に100億円の価値があったのだ。つまり商品の価値は買う側が決めることであって、作る側が決めることではない」ということになります。

都市生活者の富裕化が進み、百貨店やファッション雑誌なども誕生して西欧社会が本格的な消費社会に移行し始めた1870年代以降、こうした考え方は幅広く支持され、もともと社会主義者であるゾンバルトも影響を受けました。そしてゾンバルトは資本主義という制度について、ウェーバーが論じたような生産する側の努力や節約、蓄積によって作り上げられたものではなく、より贅沢に暮らしたいと願った人間の心によって作られた、という理論を打ち立てたのです。

ウェーバーは資本家たちが近代資本主義を作り上げるに至った背景が彼らのプロテスタント信仰にあると考え、彼らはその禁欲と節制の精神に基づき、合理的で無駄のない、新しい生産方法を好んで導入し、儲けたおカネは自分の懐に収めるのではなくすぐに投資に回し、自分の工場をさらに大きくしていった、この繰り返しによりいつのまにか大量生産できるようになった、と説きました。この理論は基本的に、マルクスの理論を「横」に拡大したものです。

マルクスが資本主義の成り立ちを説明した理論のひとつに「両極分解論」があります。

昔のイギリスでは、農民たちは農民という一枚岩の階級でした。しかし近代化前夜、農民たちの中から、農作業が休みの時期には機織りをし、そうして織った品物を売るという個人的な努力や創意工夫で副収入を得る者たちが出てきました。この中からやがて本格的に手工業を生業とする者が現れ、またその中から資本家になる者も現れました。

そうしようとしなかった農民、つまり自分は農業さえしていれば十分と考え、作った作物の大半を自分たちで消費するだけで二次的、三次的な収入に結びつける意欲を持たなかった農家は零落し、街へ出て資本家に雇われざるをえなくなりました。これにより農民という階級は、資本家と賃金労働者という「両極」へと分解していったのです。

実際は資本家になるコースがこのパターンに限られていたわけではなく、もともと商人だった者や金貸しだった者が資本家になることも多いことは後に示すようにマルクスも説明しています。しかしウェーバーの理論はマルクスの両極分解論を基本的には踏襲しつつ、彼独自のプロテスタンティズム論を加味したものだと言えます。

再び本源的蓄積について

一方でゾンバルトは、資本家という概念を従来よりも細分化し、投資家の中でも投機家をとりわけ重視しました。彼によれば、投機家は手元に1万円の現金があれば節制など考えずに全額を投資し、その結果儲からなくても次の日に10万円を用意してやはり全額を投資する。また失敗し一文無しになったとしても、今度は借金をしてでも投資を続けるという種類の人間であり、資本主義が発展するにはこうした無謀をしてでも贅沢な暮らしをしたい人が登場する必要があったと説きました。

現代にも、脈絡のない様々な事業に手を出しては時に大火傷を負う山師的な起業家はいますが、ゾンバルトに言わせれば彼らこそが「資本主義を象徴する人物像」ということになるでしょう。

16、17世紀のヨーロッパにはこのような人間が数多《あまた》登場し、一隻の船を借り上げてはインドまで冒険旅行に出かけ、現地でありとあらゆる品物を漁って帰ってきてはそれを売り、ボロ儲けをする者も出ました。彼らのような、利益のために命がけの冒険に出かけるような連中が賭けに勝って大資本家になり、これを見て羨んだ他の誰かがそれを真似することで資本主義は発展していったというわけです。

この見方に立てば、資本主義とはその起源からしてリスクをいかに利潤、資本に変えるかというプロセスであり、リスクのない資本主義などないということになります。逆にウェーバー的なストーリーでは、資本家は自分自身を鞭打って刻苦勉励し、誰にも迷惑をかけることなく立身出世を果たした、という道徳の教科書に出てくるような人物しかいないということになります。

しかしウェーバーとゾンバルトは両者とも経済史的には正しく、同時にある面では間違っています。

マルクスが偉大なのは、ひとつの理論のうちに全く異なる2種類の資本家を矛盾することなく想定しえたことにあります。『資本論』の「24章いわゆる本源的蓄積」の項には次のように書かれているのです。

「こうした本源的蓄積は、政治経済学の中では神学の原罪とほぼ同じ役割を演じる。アダムが林檎をかじり、そこから人間の罪が始まった。原罪は過去の物語を語ることで説明されるのだ。はるか過去までさかのぼる話の中で、一方にまじめで、知的で、とりわけ倹約なエリートがいて、もう一方に怠け者で、自分のすべてを、あるいは多くを消費するルンペンがいるというわけだ。

もちろん神学的原罪の神話は、いかに人間がそれによって額に汗して働くように運命づけられたかを語るのだが、経済的神話の歴史のほうはといえば、汗して働く必要のない人々がなぜいるかを暴露するからである」

アフリカやアメリカ大陸で原住民を殺し、誘拐し、彼らから略奪したのは私人としての資本家の祖先だけでなく国家も同じでした。つまり、現代のヨーロッパ文明そのものが略奪によって成り立っているというのが『資本論』の本源的蓄積の論点です。

マルクスとゾンバルトの違いは、マルクスがこうした略奪者たちを激しく糾弾しているのに対して、ゾンバルトは茶化しつつもある種の諦念とともに受け入れている点です。

ローザ・ルクセンブルクの『資本蓄積論』

さて、長くなりましたが本章において、ここまでは前置きであり、ここからようやく本題に入ります。ここまで見てきたように資本主義は未知の大陸に出かけていってそこで平和に暮らしていた人間たちを殺し、略奪、収奪してくる本源的蓄積の過程を経ることで始まり、常に戦争とともに発展してきたとマルクスは指摘しました。

はっきり言えば、資本主義が収奪のメカニズムであることは今も変わらず、資本主義経済には常に戦争が組み込まれています。戦争という行為を、銃弾やミサイルが飛び交い、人が殺されるという側面から見ることを敢えて一旦やめ、合理的な経済行為の一形態として見るのであれば、この戦争は資本主義そのものとも言えます。

そして、資本主義に戦争があらかじめ組み込まれているという事実をマルクス以上に明確に示すことに成功した理論家が、やはりゾンバルトの同時代人であるローザ・ルクセンブルク（1871-1919）でした。

ローザは主著『資本蓄積論』で、資本主義的な生産と流通はいずれどこかで滞る宿命にあり、それゆえに資本主義は溜め込まれた過剰資本を戦争という形で吐き出さなければならないことを論理的に示しました。

資本主義は売るために大量にモノを作り出しますが、作られたモノはいずれ必ず売れなくなるタイミングがやってきて、売れないモノが市場に供給され続ける慢性的過剰生産に陥り、ついには恐慌になってしまいます。

したがって恐慌を避けるためには、たくさん余っているこれらのモノを何らかの手段で一斉処分する必要があります。その処分は税金を使って公的に行われるのであれば資本家にとっては理想的です。

そんな都合のいい一斉処分を現実にできてしまえるのが軍需産業であり、だからこそ資本家は近代史を通じて、軍需産業に資本を集中してきたのです。

より正確に説明すると、資本主義経済で恐慌が起こる最も根本的な原因は、モノが余ること以前に、それらのモノを労働者の労働が投じられることで生み出し続ける、生産手段としての機械の余剰にあります。

資本が自己増殖を続けるためには、こうした機械がある程度の時間の経過とともに壊れてしまい、別の新しいモノを生み出す別の新しい機械に入れ替わってくれる方が都合がいいのですが、機械というものは一旦工場に配置されるとそう簡単に寿命を迎えることなく稼働し続け、下手をしたら10年20年と代わり映えのないモノを生産し続けます。これにより慢性的過剰生産はなかなか止まらず、資本家の儲けはその分減ってしまいます。

ですから資本家にとって最も都合がいいのは、機械でありながら自分ではモノを作らず、製造され、売却されて数年もすれば自然にこの世からなくなってしまう（慢性的過剰生産を絶対に引き起こさない）機械です。なんとも都合のいい、資本家にとっては夢のような話ですが、戦車や戦闘機、ミサイルなどの機械は、この条件に完全に当てはまります。

たとえば日本に「A」というメーカーがあったとして、A社が新たに5兆円の投資をして、電気自動車（EV）に使うバッテリー工場を国内に建設したとしましょう。この工場を作ることでA社は最初の何年かはEV開発競争を優位に戦えるかもしれませんが、数年後に中国や韓国がこれと同じかそれ以上の性能のEVバッテリーをずっと安く開発できるようになってしまえば、A社は競争に敗れ、A社製のバッテリーは大量に売れ残ってしまいます。

しかしA社が同じ5兆円をかけて戦闘機を開発し、自衛隊なりどこか他の国の政府なりに購入してもらったならばどうでしょうか。A社からすれば、この戦闘機が必ずしも戦争に使われなくても困りません。なぜならこの戦闘機は5年もすれば性能が他国の戦闘機と見劣りするようになり実戦配備には適さない代物になってしまうので、購入した先はまた新しい戦闘機に買い替えてくれるからです。

このように軍需産業が生産する兵器は、実際に戦争で使用されればさらに需要が高まって莫大な利益を資本家にもたらすものの、戦争をしなくても一定量の需要が常に見込めるという点で、公共投資に非常に適しているという面もあります。

軍産複合体は資本主義の必然

この（資本家から見て）きわめて経済的効率性が高いという特性ゆえに、軍需産業は欧州各国が本格的な帝国主義の時代に入った1850年代以降、資本主義経済を支える要の地位を獲得することになるのですが、軍需産業が資本にとって都合のいい点は他にもまだありました。実際に戦争となって他国を侵攻し、相手の国を植民地とすることに成功した場合、安い原料と、安い労働力を提供してくれるという副産物をもたらしたのです。

したがって戦争は、「過剰生産物のはけ口」「公共投資」「安い労働力と安い原料の調達」といういくつものメリットを持つことで資本主義経済とは分かちがたく結びついており、この関係を維持するために軍需産業はそれぞれの国の軍幹部を積極的に取り込もうとします。それが驚くほどあからさまに行われている国がアメリカであり、米軍では大佐以上まで昇進した軍人が退役後に軍需産業の重役になるのはごくごく一般的になっています。

日本の場合はアメリカほど露骨な天下りは敬遠され、退官後数年は軍事とは無関係な企業・団体に再就職をするなど「クッションを挟む」傾向こそありますが、最終的には自衛隊の元幹部が、かつての富士重工業や石川播磨重工業などに天下りした例は枚挙に暇がありません。しかしこのような軍産官学、つまり軍と企業と官僚がアカデミズムも巻き込みながら癒着するあり方は、資本主義的に見ればごく必然の現象なのです。

資本主義がリスクを負いながら常に外部へ拡張し、リスクを利潤に変えるという本質を持つ以上、資本主義は絶対に戦争と軍需産業に活路を求めます。資本主義からすると、戦争とは基本的には儲かるものだからです。

もっともアメリカの経済学者・国際関係学者のポール・ポーストが『戦争の経済学』で書いているように、戦争には儲かる戦争と、儲からない戦争の区別が一応は存在します。

ポーストが言うには、戦争で政府と軍需産業が儲けるにはいくつかの条件があり、重要なのは大量に武器が使用されることと、自分の国では戦争をせず他所《よそ》の国でやることだとされています。

また政府にとっては短期で終わることも大事で、要はベトナム戦争のように長期化・泥沼化すると派兵コストが高くつきすぎるというわけです。

米軍はイラクとアフガニスタンでも戦争を長期化させてしまいましたが、10万人の兵士を駐留させるコストは1日あたり100～200億円に上ります。駐留が10年から20年続くとなると、このコスト回収は容易ではありません。

アフガンではタリバンを追い出し傀儡政権に統治させる計画がうまく行っていれば回収できたかもしれませんが、米軍はタリバンの復権を許し、元の木阿弥になってしまいましたし、イラクでも混乱続きで、肝心の石油利権を掌握しきれなくなっています。その意味でアフガニスタンとイラクの戦争は、アメリカにとって完全な失敗でした。

しかしこれも政府にとって儲からなかったというだけで、軍需産業にとってはその限りではありません。

世界最大の民間軍事会社であるブラックウォーター、あるいはディック・チェイニー米副大統領（当時）が副大統領に就任する直前までCEOを務め、公職にあった期間も最大の個人株主であり続けたハリバートン社は、イラク戦争を通じて米軍支援事業などの契約を大幅に伸ばし、大儲けに成功しました。ですから軍需産業の資本家目線では、米軍がイラクやアフガニスタンで失敗したことは何の問題もなかったのです。

ウクライナ戦争はなぜ起きたか

そう考えると今のウクライナ戦争は、アメリカにとっての「儲かる戦争」を地で行っていると言えます。

アメリカ軍は今のところ、予算上で5兆〜6兆円分の兵器をウクライナ政府に送っています。先ほども述べたように、軍需産業にとっては自分たちの商品である兵器が実際に戦争で使われようと使われまいと、あるいはロシア軍に没収されてしまおうと、ブラックマーケットに横流しされようと、大差はありません。5兆〜6兆円分の兵器がアメリカでない他所の国の戦争のために配備され、それがゼネラルダイナミクス社などの売上として計上されればその時点で目的は達せられているのです。

アメリカ政府にとっても損ではありません。アメリカ政府がウクライナ政府に対して行っている武器の提供は今のところアメリカ国民の税金によって賄われていますが、最終的にはウクライナ政権に対する貸付という扱いになるはずだからです。

ウクライナの年間GDPは1556億ドル（2020年）で、これを日本円に換算すると約22兆円になります。一方でウクライナは累積で13兆円の財政赤字を抱えており、もともと財政破綻寸前の状態にありました。この破綻国家に対してアメリカは5兆円を貸し付けたのです。

もともとアメリカにとってウクライナは他所の国ですから、アメリカが自国の軍隊を派兵しなくて済む限り、ウクライナ戦争は1年、2年と長期化してくれた方がアメリカにとっては儲けが大きくなりますし、さらに言えばウクライナとロシアとの戦争（アメリカの代理戦争）が長期化すればするほどロシアも弱体化するので一挙両得です。

おそらくアメリカにとっては、ウォロディミル・ゼレンスキー大統領が降伏することなく4年ほど頑張ってくれれば、リーマンショックの後遺症を完全に克服し経済が息を吹き返すという打算があるでしょう。

そしてその時には、ウクライナに貸したカネの回収もついに始まります。アメリカは今のところウクライナへの支援は無償で行うという建前を掲げてはいますが、資本主義国が他国に見返りなく援助を送ったことは、歴史上ほとんどありません。

そういう意味ではこのウクライナ戦争は典型的な戦争なのです。

脱西側の視点から東欧を見る

もっともウクライナ戦争の場合は、そうした典型的な資本主義の論理に巻き込まれたという以外の、もう少し複雑な背景も存在します。

ただその背景は、西側の情報や考え方にどっぷり浸ってしまっているうちはなかなか見えるものではなく、視点を西側から一旦はずす必要があります。私はその視点を、旧ユーゴスラビアに留学していた40年ほど前に得ることができました。

パリ―イスタンブール間を運行するオリエント急行という列車があります。この列車はユーゴスラビアのザグレブと首都ベオグラードを通っていました。

このオリエント急行に関して、当時の西ヨーロッパではパリから東へと遠ざかっていくにつれて文明の程度が下がり、国力も貧しくなっていくという見方をしている人がたくさんいました。そして西ヨーロッパの価値観に染まりきっていた当時の私自身、1980年頃に東欧に留学するまでなんとなくそう思い込んでいました。

クロアチアはイタリアよりも文化的に劣り、同じユーゴでもザグレブ（クロアチア）はベオグラード（セルビア）よりも少し上、そしてベオグラードは隣のソフィアよりも上。オリエント急行の終着駅であるイスタンブールは一番の未開の地という価値観に塗り固められていたのです。

しかしヨーロッパの歴史を、日本で教えられる世界史から抜け落ちている部分も含めて学ぶようになると、そのようなイメージは否が応でも修正を迫られます。

たとえば私たちが世界史の教科書で教わるローマ帝国は西暦395年に東西に分裂し、西ローマ帝国はゲルマン民族であるゴート人の侵略を受け滅亡し、そこからヨーロッパが中世に入ることはよく知られています。しかし分裂したもう一方である東ローマ帝国については、この帝国がビザンチン帝国と呼び名を変えてその後約1000年も続いたことも含めてあまり知られていません。

実際にはローマ皇帝の皇位は西ローマ崩壊後もビザンツでは脈々と受け継がれ、このビザンツ文明は中世を通じてヨーロッパと中東、アフリカ、ロシアを結ぶ要であり続けました。ビザンツの首都コンスタンチノープル（現在のイスタンブール）もまた当時世界最大の都市であり、この都市でしか学べない世界最高峰の知識・教養を求めて各地から留学生が集まっていたのです。

この時代に欧州の各都市の格を論じるなら、最高峰は断トツでイスタンブール。次がソフィアで、それ以降はベオグラード、ザグレブ(11世紀以降の都市)ということになります。

ビザンツ帝国は15世紀にテュルク系（後のトルコ人）のオスマン家出身の君主を戴くオスマントルコに滅ぼされますが、オスマントルコが支配していた時代も、やはりこの地は世界の中心であり続けました。その構図が初めて崩れたのが、オスマン帝国がハプスブルク家のオーストリアなどヨーロッパ諸国との戦争の末、1699年に結んだ「カルロヴィッツ条約」であり、この講和条約により、西ヨーロッパが歴史上初めて旧ビザンツ帝国の領地を割譲されたのです。これはヨーロッパ諸国にとってのコペルニクス的転回であり、ここからオスマン帝国も衰退期に入りました。

しかしカルロヴィッツ条約が結ばれたのは考えてみればわずか約300年前のことであり、それ以前の1000年以上の期間ヨーロッパの中心はイスタンブールにあり、ソフィアやベオグラードなどはそれに次ぐ地位の都市だったのです。現在のウクライナもこのヒエラルキーの中ではかなり上位に位置していました。逆にこの時期のパリやロンドンなどは、世界の辺境でしかないという時代です。

多民族国家ウクライナの歴史

その地理関係を頭に入れてウクライナ戦争を見直すと、この戦争の見え方もかなり変わってきます。つまりかつてビザンツやオスマントルコなどに近い関係にあったウクライナが、約300年というきわめて短期間で西ヨーロッパに吸収され、強引に西ヨーロッパ化されようとしていることが確実に背景のひとつとしてある、ということです。

ウクライナはもともとビザンツ文明の影響を強く受けたひとつの文化圏を持っていました。

それはまず何よりも文字に表れており、ウクライナはギリシャ文字をルーツとして9世紀に生まれたキリル文字をロシア、セルビア、ブルガリアなどと同じく使っています。ウクライナ語も言語分類的にはロシア語やベラルーシ語と同じ東スラヴ語群に分類され、チェコ語やポーランド語などの西スラヴ語群、ブルガリア語やセルビア語などの南スラヴ語群と同じくスラヴ語派に含まれます。同じスラヴ語派の言語の場合、それぞれの言語は日本語の標準語と方言程度の違いしかありません。

ですから日本社会が戦後急速に工業化し、高度な資本主義国となっても日本人がアメリカ人にはなれずアジア人であるのと同様、ウクライナ人がいきなり「我々はヨーロッパ人だ」と叫んだところで、彼らの思考や文化の礎は依然としてビザンツ文明のままなのです。

ビザンツ帝国は1453年にオスマン帝国の侵攻を受け崩壊し、それ以来現在のバルカン半島からクリミア半島までの一帯は全域がオスマン帝国の領地になりました。今ウクライナ戦争で攻防戦が行われているヤルタやセバストポリ、オデッサなどもそうです。

それが18世紀前半、ロシアがピョートル大帝のもとで南下政策を取るようになり、バルカン半島から黒海沿岸の地域に進出してこの地からオスマントルコを追い出しました。さらに南下してルーマニアより先へと進出しようとしましたが、ロシアを恐れた英仏がオスマントルコを支援してドナウ川で衝突したのがクリミア戦争（1853－1856）です。クリミア戦争では英仏とオスマントルコの同盟軍が勝利しロシアは北へ撤退しますが、一連の南下政策の過程で、ロシアはウクライナを完全に自分たちの一部として取り込みました。

しかしそのウクライナも、ただロシアに侵略されて吸収されたわけではありませんでした。ロシア南下以前のカルロヴィッツ条約締結の時点では、ウクライナは独立した国ではなくポーランドの一部でした。

ウクライナは14世紀には大部分がリトアニア大公国、後にポーランドの支配下に入り、この時期に両国はウクライナの民衆に根付いていたギリシャ正教を棄教させ、カトリックに改宗させようとしました。

現在のウクライナ南部から黒海沿岸にかけての地域で、ポーランド、リトアニアからの逃亡農奴を中心としたコサック（軍事共同体）が形成され、17世紀にはキエフを再建し、ギリシャ正教を保護しようとしました。強大化したウクライナ・コサックとポーランド政府は度々衝突し、ついにイギリスで清教徒革命が起きていた1648年、ウクライナ・コサックは蜂起しポーランド軍との全面戦争に発展。この時にウクライナのコサック集団は、同じギリシャ正教を信仰し、確実に保護してくれるロシア側についたのです。

もちろん、だからといってウクライナとロシアは歴史的に仲が良いなどと言いたいわけではありませんし、ロシアに正義があると言いたいわけでもありません。しかしこの地域について間違いなく言えることは、過去2000年もの間、ひとつの国に統治されない多民族国家だったということです。

現在のウクライナ戦争も、後述するように東部ドンバス地方に多い親ロシア派と、それ以外の地域との間にある民族的な対立が背景としてあります。

したがってウクライナ戦争の、最大の解決の方法は多民族国家を作るしかありません。ビザンツ帝国にしてもオスマントルコにしてもソ連にしても、実態は多民族国家であったがゆえに、これらの帝国による統治はうまく行っていました。

ソ連が統治の上で巧みだったのは、統治下に暮らすたくさんの民族をロシアというひとつの国に吸収するのではなく民族ごとに独立させ、それぞれに共和国を作って自治を任せたことにありました。

最近まで私が教えていた大学ではウクライナからの留学生も受け入れており、そのうちの一人の女子学生はドンバス地方にも近いロストフの出身で、親戚はドンバスとロストフの両方に住んでいるそうです。彼女は自分の出身地であるロストフについて、「ここはロシアでもウクライナでもなくタタール圏」であると言っていました。これをより広い意味で解釈すれば、旧ビザンツ文明圏ということになるでしょう。ここに西側が入り込み、資本主義的な市場の支配をしようとしても無理があります。

ヨーロッパとカトリック教会

「ヨーロッパとはどこからどこまでを指すのか」を厳密に定義するにあたり、よくカトリックの教会がある地域を基準とすることがあります。この定義に基づくと、現在のリトアニアとポーランド、スロバキア、ハンガリー、さらにルーマニアの一部とクロアチアによって引かれる線から西側がヨーロッパということになります。

この線よりも東の地域は、カトリックでもプロテスタントでもなくギリシャ正教が根付いているという点でもはやヨーロッパとは異なる文明圏であり、この文明圏を勢力図に含めようとEUが本気で考えているならば、危ない橋を渡ることになるでしょう。

しかし同じことは、実はソ連もかつてやってしまっており、ソ連はポーランドとチェコスロバキアという自分たちの文明圏から外れる地域にまで手を出し、組み込んでしまっていました。ソ連が東欧を社会主義化した際の最大の失敗点はここにあります。

ブルガリアやルーマニア、あるいは旧ユーゴスラビア諸国でもセルビアまではロシアと言葉がよく似ており、文化的にも多くを共有しています（厳密に言えば、ルーマニア語はロマン語系統なので言葉の面では違いがありますが、それ以上にギリシャ正教が根付いていることが決定的に重要です）。

ソ連も建国初期のレーニンの時代には宗教が禁じられ、正教会への弾圧も行われたのですが、スターリン以降のソ連共産党は教会の活動に一定の復興を認め、むしろ統治のための道具として利用していました。正教会がソ連共産党の統治を認め従順である限り、教会が権威を維持してくれた方が、多民族国家であるソ連の一体感を作り上げる上では何かと都合が良かったのです。

ところがハンガリーや、ポーランドのようなカトリック圏まで内包しようとしても、これらの国の国民たちはどうしてもローマ法王の側を向いてしまいます。

たとえばかつての旧ユーゴスラビアにおいて、セルビアでは公の場所でも一般家庭でも指導者であるチトーの肖像写真が飾られており、公私の別なくチトーの影響力は行き届いていました。しかし同じユーゴでも、クロアチアだと公の場所ではチトーの肖像写真が飾られていても家庭ではローマ法王の写真が飾られるということはままあり、さらにポーランドだと、公的な場所でも一般家庭でもローマ法王の写真が飾られているわけです。

このような、いかんともしがたい帰属意識の溝があるがゆえに、ソ連はポーランド、ハンガリー、チェコスロバキアなどとの関係が常にギクシャクしたものにならざるをえませんでした。ハンガリーで起きた反ソ連運動を1956年にソ連軍が武力鎮圧した、いわゆるハンガリー動乱もそのギクシャクした関係が生んだゆえの事件です。

ウクライナ戦争とコソボ紛争

結局のところ資本主義は、ヨーロッパでも西側のカトリックとプロテスタントの文明圏では根付いた一方、東の非カトリックの文明圏ではそれほど馴染まなかったということになりますが、それでも19世紀から20世紀にかけては、帝政ロシアの皇帝が資本主義を上から下々に押し付ける形で、政策的に発展させようとした時期もありました。それを始めたのは、ちょうどカルロヴィッツ条約を締結した頃に皇位についていたピョートル大帝です。

ピョートルは、東方正教会の従来の中心地であるギリシャがオスマントルコに支配され衰退している以上、もはや東方正教会の正統は我らモスクワにあると主張し、それを大義名分に掲げることでウクライナやルーマニアを支配しました。

しかしその一方でピョートルは、スウェーデンやポーランドに勝てるだけの軍事力を持ちたいがために西欧化をも推進し、西欧で本格的に勃興し始めていた資本主義も急進的に取り込もうとしました。

1697年には、およそ250人からなる「大使節団」をヨーロッパ各国に派遣し、ピョートル自身も変名で使節団に参加し、オランダやイギリスの造船所で一職工として学び、多くの専門家をロシアに連れ帰りました。帰国後は貴族たちに伝統的な長いひげを切り、西欧風の服装をするよう命じ、1700年にはロシア暦を西暦（ユリウス暦）に改めました。

このピョートルによる一連の欧化政策を、西側の歴史教科書は自分たちの主観に基づき、ここで初めてロシアが文明国の仲間入りを果たしたかのように記します。

ロシアとしては当然、これでヨーロッパの仲間入りをしたつもりだったかもしれませんが、実際にはヨーロッパはロシアを自分たちの仲間だとはみなしませんでした。

我々日本人から見ればロシア人も外見的にヨーロッパ人と変わらないように見えますが、ヨーロッパ人からすればロシア人は全く似て非なるものであり、この関係は200年たった今も変わっていません。

そしてこの差別はセルビア人に対してもあります。アメリカなどが1991年から始まるユーゴスラビア紛争で、セルビアに対してあれほどの非人道的な空爆が実行できたのも、結局は彼らがセルビアを非文明圏とみなしていたからにほかなりません。

現在のウクライナ戦争もまた、1991年のスロベニアがユーゴスラビアからの独立を宣言したことをきっかけに起きたスロベニア独立戦争、クロアチア独立戦争、ボスニア・ヘルツェゴビナ紛争、コソボ紛争、マケドニア紛争など一連のユーゴスラビア紛争が起きた10年間と非常によく似ています。

あのユーゴスラビア紛争においてアメリカが目指し、実現したことは、実はそれまで社会主義陣営に吸収されていた地域にクサビを打ち込み、ポーランド、チェコ、ハンガリーに続いて、旧ユーゴスラビアの中でもカトリック圏であるスロベニアやクロアチアを資本主義陣営に強引に取り戻したということでした。

スロベニア、クロアチア両国が独立を宣言した1991年の段階では、当然ながらユーゴスラビアという国家はまだ存在していました。ユーゴスラビアのスロボダン・ミロシェビッチ大統領（当時）は、一方的な独立宣言は国連憲章違反であると抗議しましたが、ヨーロッパもアメリカも両国の独立をあっさり認めてしまったのです。

同じ独立運動が2015年にスペインのカタルーニャ自治州で起きた際には、中央政府が独立派の市民を武力で鎮圧したにもかかわらず、EU各国が中央政府を一貫して支持したのと比べるとあまりに対照的です。

ウクライナを第二のルーマニアに

そしてウクライナもアメリカ、あるいは英仏独など西欧の主要資本主義国から見れば非ヨーロッパの非文明圏でしかありません。しかしそれでもアメリカはウクライナに西側陣営の一員になることは望んでいます。なぜなら彼らはウクライナ地域を、第二のルーマニアにしたいと考えているからです。

ルーマニアがEUに加盟したのは2007年とまだ最近のことですが、2021年のGDPが前年比5%以上の伸びを示すなど、加盟各国の中でも急速な経済成長が著しい国です。なぜそんなに経済が好調かというと、トランシルバニア地方を中心にドイツ系やフランス系の企業がたくさん工場を建てているからで、私も数年前に同国を訪ねた際は、シビウ国際空港の周辺がドイツやフランスの企業の工場で埋め尽くされているがごとき光景を見ました。

このルーマニアの経済成長だけを見るとEUへの加盟は良いことこそあれ悪いことは何もないかと思ってしまうところですが、私の住んでいたクロアチアはルーマニアよりもドイツやフランスに近い上、2023年にはユーロ導入が確実視されているにもかかわらず、外国から多くの工場が進出してくる気配さえまだありません。

その理由は実にシンプルで、クロアチアはもともと国民の所得水準がルーマニアより高いので、わざわざ人件費の高い国に工場を作っても外国の企業には旨味がないからです。

だからドイツやフランスはクロアチアを飛び越えて、進出開始した時点ではヨーロッパでも所得水準が低かったルーマニアに工場をたくさん建てたというわけです。

ところがそのルーマニアもしだいに豊かになり、近年は一人当たりのGDPが1万3000ドル近くになりました。日本人のそれが約4万ドル（2020年）ですから、ルーマニアで工場を稼働させる旨味もしだいに薄れてきているわけです。

その点ウクライナの一人当たりのGDPは約3700ドル、隣のモルドバも4000ドルぐらいしかなく、ここに工場を作れば中国はおろかアフリカ並みに安い人件費で済みます。ここに工場を建てることのメリットを、ヨーロッパの企業が見逃すはずはありません し、じっさいかなり前から欧州のビジネスマンたちはこの地を見定めていました。

そしてその際に真っ先にターゲットになるはずなのが、ウクライナでもドニエプル川以東の、豊富な水資源があって水力ダム発電もできる上、港もある地域、つまり現在はロシアの支配下にあるドンバス地方（ドネツク州とルガンスク州を合わせた名称）でした。

しかしロシアがその動きを黙って認めるはずもありませんでした。

ドンバス地方、その中でも特にアゾフ海に面したマリウポリの工業地帯は、ロストフやヴォルゴグラードなどロシア側の工業地帯と完全に一体の経済圏だったからです。

マリウポリの鉄工所で精錬された鉄は、そのままロシア側のヴォルゴグラードの工場へ輸送され、そこで自動車として加工されるという関係でした。こうした国境をまたいだ貿易が関税も免除されて長年行われることで、この地域はロシアとの関係のもとで共存共栄していたのです。

しかしそれが2014年、親ロシア派のヤヌコヴィッチ大統領が失脚した「マイダンクーデタ（革命と言う人もいますが）」後に両国間に関税障壁が設けられて以来、ドンバス地方の経済は衰退しました。

ロシア側は2014年以前の関係を復活させるべく各種の圧力をかけましたが、親米派で占められた現政権は応じませんでした。だからこそ、ロシアが侵攻した際には地元住民から「解放者」と呼ばれたのです（その事実が西側で報道されることはありませんが）。

ですからロシア軍がドニエプル川以東の地域を押さえている以上はプーチンとしては戦争の目的は達せられるのであり、実質的にはロシアの完全勝利でさえあります。しかしアメリカ・EU側もウクライナをルーマニア化する目的を果たすまでは引くに引けないので、仮にウクライナ人が全滅しようと戦争を長期化させ、ロシアの弱体化を図るでしょう。こうした西側の思惑も、私たちが西側にいる限りは詳しくは知らされません。

プロパガンダはお互い様

　ですからウクライナ戦争に関して私は、なるべくロシアのプロパガンダに耳を傾けたいと思っています。西側のプロパガンダは日本に住んでいるというだけで向こうから勝手に入ってきますが、ロシアのプロパガンダは基本的には遮断されており、こちらが積極的に入手しないことには見聞きできないからです。

　もちろんプロパガンダである以上、おかしな情報はたくさんあります。しかしそれでもロシア側のプロパガンダは大筋の部分では理に適っています。

　そもそもウクライナ戦争は、ロシア軍が2022年2月24日にドネツク州とルガンスク州に侵攻したことから始まっていますが、時系列ではその3日前にウクライナ軍がこの地域に侵入しています。もともと両国は2014年にかわされた「ミンスク合意」により、ドネツク州とルガンスク州に自治権を認め、ロシア、ウクライナともに両州から軍を撤退させることを約束していました。ウクライナはその合意を一方的に破って侵入したのです。

　ロシア軍はウクライナ側のその侵入を受けて動いたにすぎないのに、先に仕掛けたのはどちらなのかということさえ正確には報道されていません。

要するにロシア軍は、ドネックとルガンスクを半年かけて2022年2月20日までの状態に戻しただけなのです。

この地域の住民たちがロシア軍を「解放者」と呼ぶのも、実情を知っていればおかしなことではありません。ウクライナでもドニエプル川より東の地域は、全人口のほとんどがロシア系住民というほぼ完全なロシア圏であり、戦争が起こる以前から人々は日常的にロシア語を話していました。にもかかわらずウクライナ政府はマイダンクーデタ以降この地域でもウクライナ語を使用するよう強制し、それに人々は抵抗していたのです。

そもそもドネックにしてもルガンスクにしても、国際社会が承認した、しないは別にして2014年の時点でそれぞれが「ドネック人民共和国」「ルガンスク人民共和国」として独立を宣言しており、この立場はコソボと同じです。コソボは2008年に「コソボ共和国」としてセルビアからの独立を宣言し2016年までに113カ国が承認していますが、セルビアは依然として独立を承認していません。

しかし今仮にセルビア領のコソボにセルビアが侵攻してコソボ政府を打倒しようものなら、世界は一斉に批判を浴びせるでしょう。ウクライナがミンスク合意を破棄して両地域に侵入したことは、本来はこれと同じくらい重大なルール違反なのです。

ロシア軍は、ミンスク合意締結後には、ドネツクにもルガンスクにも立ち入りませんでした。そうすれば挑発行為と取られ、大変なことになるのはわかりきっているからです。残念ながら挑発したのは、ロシアではなくウクライナの側です。

社会主義革命はどこで起こるか

このようにロシアとその周辺国には、同じ文明圏に属するがゆえの強い結びつきがあるのですが、実はソ連が建国されたことも、社会主義革命と考えるよりは、ビザンツ—オスマン文明圏が西ヨーロッパに対して起こした反旗、レジスタンスという性格が強かったことは否めません。

レーニンやレフ・トロツキーは、たしかにマルクス主義の理論に基づいてロシア革命を成し遂げました。しかし彼らの革命がカザフスタンやウズベキスタンなども含めた多くの民衆に支持されたのは、社会主義への共感以上に、むしろ西ヨーロッパ文明圏に飲み込まれまいとしたという動機が根本にはありました。

日本のマルクス主義者の中でも主流派の、過度に西洋かぶれしたマルクス主義者たちが決まり文句的に言うことのひとつに、「マルクスが、革命が起きると想定していたのは、本来はイギリスやフランスなど最も資本主義が発展した国であった」というものがあります。

たしかに資本主義の運動法則から言えば、資本主義は経済成長の果てに世界市場を形成する定めであり、最終的にはその世界市場を牛耳る、世界で最も資本主義が発展した国で資本主義は限界を迎え、世界は社会主義の時代に突入するはずでした。

裏返せばこの「世界革命」が成就しないことには本当の意味での革命の成功とは言えないのであり、理論的にはイギリスやアメリカこそ社会主義社会になるはずです。

それを最も早く、正確に理論化したのはトロツキーであり、トロツキーは、ロシアのような農業国が社会主義化しても、結局は一時の徒花《あだばな》として終わると考え、世界革命実現に向けて、革命を「輸出」することを主張しました。その結果「ソ連一国で社会主義は成立しうる」と説いたスターリンから徹底的に敵視され暗殺されたのです。

ですから理論的には社会主義革命が西側で起こるべきだったとしても、現実には起こらなかったことも事実です。そうである以上、なぜ東側にだけ社会主義国ができたのかを考えなくてはいけません。

農民の階級意識

プロレタリアートを必ずしも革命の担い手として期待しなかったレーニンの革命論は、ある意味では正しかったと言えます。

ロシアや中国など社会主義革命が成功した地域の多くは、先進資本主義国に搾取されていた地域であり、これらの国々には生産手段を奪われた近代的なプロレタリアートはまだ存在せず、農民階級しかいませんでした。マルクスの理論によれば、生産手段をあらかじめ奪われているプロレタリアートこそが革命を担い、土地という生産手段に縛られながら生きている農民階級にはその役目は果たせないはずです。しかし結果的にはこの搾取された農民たちが、都市のプロレタリアート以上に明確な階級意識を持つに至りました。

彼らは土地に縛られてはいたけれど搾取の問題を日頃から肌で感じていました。だからこそ中国、ベトナム、ラテンアメリカ諸国などのような、搾取される農民が多い国ほど社会主義は燎原《りょうげん》の火のように燃え広がっていきました。

西側資本主義圏で社会主義体制に変わった国は、強いて挙げても東ドイツしかなく、それ以外の東欧各国、チェコスロバキア、ポーランド、スロベニア、クロアチアなども資本主義国としてはまだ毛が生えた程度の段階でした。それ以外となると、あとはすべて非西洋、非カトリック、非プロテスタントの地域だったのです。カトリックやプロテスタントの地域は、社会主義やマルクス主義を根本的に受け入れることはありませんでした。

というのもローマ法王が、1869年の第1バチカン公会議と1962年の第2バチカン公会議で、「社会主義は絶対に認められない」と2度も宣言したからです。

もっともローマ法王は、最初は資本主義も認めていませんでした。「何物をも私有物とみなしてはならない」という「使徒行伝」勧告をはじめとして、聖書を紐解けば私有財産に批判的な言葉は頻出するのです。

それが資本主義とだけはなぜか和解できたのは、資本主義が個人の私有財産を認める以上、個人とその家族を養う家庭という場も尊重されるはずであり、ひいてはそうした各々の家庭に支えられている教会とも折り合いはつけられるはずだと判断されたからです。

しかしその点、私有財産を認めない社会主義は家族という概念も曖昧にし、家族を認めないということは教会も認めないだろうというロジックなのです。

だからハンガリーやポーランド、チェコスロバキアなどカトリックやプロテスタントの影響力が強いいくつかの国でもロシア革命や第二次世界大戦後に社会主義体制にはなったものの、これらの国々では早い段階で内乱が起きて混乱が絶えなかったのです。

一方で東方正教会はソ連共産党と妥協し、その結果ソ連では宗教が公的には禁止されたものの実質的には認められていました。各地に教会もあれば神父もいて、大学で神学を教えることもすべて認められていたのです。要するに政治権力に歯向かうものだけを禁止したわけです。東方正教会がそのやり方で長く続けても問題が起きなかったのは、正教会にはローマ法王のような絶対的中心がいなかったからです。

『資本論』のここを読む

第3章　戦争はなぜなくならないのか

資本主義と戦争

資本主義の成り立ち

『資本論』の第一巻24章「いわゆる本源的蓄積」の2節「農村住民からの土地の収奪」と3節「15世紀末以来の収奪者に対する血の立法」は、イギリスの農民がいかに土地を奪われ、労働者になったかについて語られています。そこでは、国家の法律が収奪に使われたことが記されています。そして4節「資本家的借地農業者の成立」で、資本家がどこから来たかについて説明します。

ゾンバルトにはずばり『戦争と資本主義』（金森誠也訳、講談社学術文庫、2010年）という本があります。消費という観点からは、ゾンバルトの『恋愛と贅沢と資本主義』（金森誠也訳、講談社学術文庫、2000年）を読むことをおすすめします。限界革命のジェヴォンズは、1871年に『経済学の理論』（小泉信三他訳、日本経済評論社、1981年）を書き、ワルラスは『純粋経済学要論』（久武雅夫訳、岩波書店、1983年）を1874年から1877年にかけて書いています。メンガーは1871年に『国民経済学原理』（安井琢磨、八木紀一郎訳、日本経済評論社、1999年）を出版しています。ウェーバーに関しては、『プロテスタンティズムの倫理と資本主義の精神』（大塚久雄訳、岩波文庫、1989年）を参照してください。

再び本源的蓄積について

略奪と蓄積について

『資本論』24章「いわゆる本源的蓄積」の1節「本源的蓄積の秘密」には、次のような表現があります。「実際の歴史の中では、よく知られているように侵略、征服、強盗殺人、つまり、暴力が大きな役割を演じる。穏やかな政治経済学の中では、牧歌が支配的であった。唯ひとつ豊かになる手段は権利と労働であった。しかしながら、いつも今年だけは、悪いことをするという例外つきであったが」。

ローザ・ルクセンブルクの『資本蓄積論』

『資本蓄積論』について

ポーランドの女性活動家ローザ・ルクセンブルクは、『資本蓄積論』という大著を残しています。『資本蓄積論』（小林勝訳、全3巻、御茶の水書房、2011-2017年）を参照のこと。ポースト『戦争の経済学』（山形浩生訳、バジリコ、2007年）、ブラックウォーターについてはジェレミー・スケイヒル『ブラックウォーター世界最強の傭兵企業』（益岡賢他訳、作品社、2014年）を参照。

脱西側の視点から東欧を見る

世界史について

マルクスも、西欧の発展を世界の歴史の先端を行くものと考え、ロシア、中国、インド、東欧といった地域をそれより劣るものという19世紀西欧の典型的な歴史観を持っていました。それはとりわけ1850年代に書かれた記事の中に多く見られます。しかし、ロシアのナロードニキとの接触の中で、西欧ではない国の独自の発展について考慮し始めます。そしてやがてロシア語を学び、アジア的共同体の研究を始めるのです。そうして世界史に対する相対化が始まります。的場昭弘『「19世紀」でわかる世界史講義』（日本実業出版社、２０２２年）を参照。

ウクライナを第二のルーマニアに

先進国の空洞化と相対的過剰人口の問題について

マルクスは、一国の相対的過剰人口は、農村部にあると述べ、国の外ではイギリスにとってのアイルランドのような農業国にあるといいます。賃金を低くおさえるための過剰人口の貯水池が、農業そして後進諸国ということになります。こうした問題は、『資本論』の第一巻23章「資本主義的蓄積の一般的法則」の5節「資本主義的蓄積の一般的法則の説明」にあります。

社会主義革命が非カトリック国でのみ実現した理由

世界革命について

マルクスは、資本主義社会の発展をイギリスの例から分析したのですが、けっしてイギリスのみに限定したわけでなく、その典型としてのみ挙げていました。「本源的蓄積の歴史は、国によってさまざまな違いがあり、順序も異なり、歴史時代も異なる、さまざまな段階を通過する」と、24章「いわゆる本源的蓄積」1節「本源的蓄積の秘密」の中で述べています。しかし、高度な資本主義国イギリスが共産主義に進むというのは、当然だと考えていました。だからこそイギリスのように発展していないロシアは、進んだ西欧の協力が必要となる、世界革命が必要だと考えるトロツキーの考えが出てくるのは必然だったと言えます。

農民の階級意識

農民の階級意識について

マルクスは、農民の階級意識という問題を考えていません。階級意識を持つのはプロレタリアートだけであると考えていたのです。だからこそ、『資本論』25章「近代植民理論」では、アメリカのような農業社会は、やがて農民がプロレタリア化することが必然であると考えています。しかし、一方で農業労働者についても23章で分析、さらにアイルランドのように、労働者から農民に戻ることもありうると述べています。

第4章

宗教は人を救うのか

［宗教］

「宗教は民衆の阿片」とは

2022年7月8日、数日後に投票日が控えていた参議院議員選挙で自民党の候補を応援するために奈良市内で演説していた安倍元首相が40代の男性に銃撃され、数時間後に亡くなりました。この事件において現行犯逮捕された銃撃犯は旧統一協会（現「世界平和統一家庭連合」）に強い恨みを抱いており、犯行の直接の動機も安倍元首相が統一協会の広告塔になっていたことだったと言われています。

事件以来、日本社会全体で宗教に対する関心、ないしは警戒心が再び強まっており、その中でかつてマルクスが言った、「宗教は民衆の阿片である」との言葉も一部で注目されています。

有名な言葉なので、本書の読者にも「聞いたことがある」という人は多いと思いますが、もともとはマルクスがまだ25歳だった1843年に書いた論文「ヘーゲル法哲学批判序説」が出典であり、実際の文章では次のように書かれています。少しとっつきにくいとは思いますが、「民衆の阿片」の前後も含めて読んでみましょう。

「ドイツにとって宗教批判は本質的に終わっており、そして宗教批判はすべての批判の前提であるということである。

世俗的に誤謬《ごびゅう》の存在が理解されるのは、祭壇や家族を守る天上の弁明というものが否定された後である。天上の幻想的な現実の中で超人を追い求め、そこに自分の反映だけしか見つけられなかった人間も、本当の現実を探し、探さねばならない場所では、たんなる仮象、非人間だけを見るというようなことはないだろう。

非宗教的な批判の基礎とは、次のことである。すなわち宗教をつくるのは人間であり、宗教が人間をつくるのではないということである。しかも、宗教は次のような人間の自己意識であり、人間の自己感情である。すなわちいまだ自らを獲得していないか、あるいはすでに一度自らを失ってしまっているかのどちらかの。しかし、人間はけっして抽象的なものではなく、世界の外にある本質ではない。人間とは、人間の世界、国家、社会である。宗教、すなわち転倒した世界意識をつくりだすのが、この国家であり、この社会である。なぜなら、こうした国家、こうした社会は、転倒した世界だからである。宗教はこの世界の一般理論であり、世界にとって百科全書的な意味をもつ概説書であり、世俗的な形でのその論理学であり、その精神的な面子であり、その情熱であり、その道徳的認可であり、その祝祭的な補足であり、その一般的な、慰めの、正当化の基礎である。宗教は人間的本質を幻想的な現実のものとすることである。なぜなら人間の本質が本当の現実というものをもたないからだ。だから、宗教に対する闘争は間接的には、すべての世界に対する直接の闘争であり、その精神的な匂いこそ宗教である。

宗教的貧困は、現実の貧困の表現の中に、現実の貧困に対する抗議の中にある。宗教は困窮した人間のため息であり、宗教は精神なき状態であると同じく、心なき世界の感情である。宗教は人民の阿片である。

人民の幻想的な幸福としての宗教を廃棄することは、現実の幸福を要求することである。自らの状態についての幻想を廃棄することは、幻想を必要とするある状態をやめることを要求することである。だから、宗教の批判は、その後光が宗教である『嘆きの谷』の批判をその兆候としてもっている。

批判は、鎖に繋がれた幻想をむしりとってしまったが、それによって人は幻想のない、気休めのない鎖をもつのではなく、鎖を捨て、生きた花をつみとったのである。宗教の批判は人間を目覚めさせ、それによって人間は、考え、活動し、その現実をつくりあげる。こうして、目覚めた、理性を持った人間は、彼自身を中心として、したがって彼の現実の太陽のまわりをまわるのである。宗教は、人間が宗教の周りを回らない限り、人間のまわりを動く幻想的な太陽にすぎない。

したがって、真理の彼岸が消えた後で、現世の真理をつくるというのが歴史の課題となる。まず歴史の中にある哲学の課題は、人間の自己疎外の聖なる形態が暴露された後、自己疎外をその非聖なる形態で暴露することである。したがって、天上の批判は地上の批判に、宗教の批判は法の批判に、神学の批判は政治の批判に転化するのである」（拙訳『新訳初期マルクス』作品社、２０１３年）。

この言葉を根拠に「マルクスは宗教を否定した」と言われることも多いのですが、実際に読んでみるとわかるように、必ずしも全否定はしていません。

阿片というと麻薬ですので、人間を廃人にする絶対的に悪いものと現代の我々はすぐにイメージするのですが、阿片には鎮痛剤としての役割もあります。ここでのマルクスは宗教というものについて、現実の辛さを和らげる鎮痛剤としての機能の方を強調しています。

それと同時に宗教は現実の社会を参照するための百科事典のような役割を果たしているものの、それは結局のところ「現実そのもの」ではないので、現実の苦難に立ち向かう武器とするには限界があるともマルクスは指摘しています。

ブルーノ・バウアーとの論争

これを書いた当時の青年マルクスはヘーゲル左派（ヘーゲルの哲学に対して、単にその思想を忠実に解釈するだけでなく批判的に発展させ、政治的・宗教的な実践や国家への批判も辞すまいとしたグループ）に属しており、「ヘーゲル法哲学批判序説」も、同じヘーゲル左派の歴史学者・神学者のブルーノ・バウアー（1809－1882）との論争を念頭に書かれていました。

バウアーは、同じ年のこれより少し前に『ユダヤ人問題』という著書を出版し、その中で、「国家がキリスト教的であり、なおかつユダヤ人がユダヤ教を信仰する限り、ユダヤ人が政治的に解放されることは不可能である。ユダヤ人が解放を望むのであれば、棄教するしかない」と論じていました。

政治的解放とは、簡単に言ってしまえば「投票権に代表される市民的な自由を勝ち取る」ということです。この当時プロイセン王国では、国王による専制政治が依然として布《し》かれており、キリスト教徒であろうとユダヤ教徒であろうと投票権を行使し議会に自分たちの代表を送り込むことはできませんでした。プロイセン国王フリードリヒ・ヴィルヘルム4世が自由主義勢力と妥協し、普通選挙の議論が行われるのは、この論争の5年後に起こる1848年革命の後のことです。

この時代状況を踏まえてバウアーは、解放されなければいけないのはキリスト教徒を含むすべての民衆であり、ユダヤ人だけが解放の対象とみなされるのはおかしい。ユダヤ人がプロイセンで政治的解放を成し遂げたいのであれば、彼らがユダヤ教を棄教しなければいけない。解放はまずキリスト教徒が先で、ユダヤ人の解放はその後だと説いたのです。

このバウアーの考え方に対し、マルクスはやはり1843年の「ヘーゲル法哲学批判序説」と同時期に執筆した「ユダヤ人問題に寄せて」でより直接的な批判を展開しました。

マルクスの考えでは政治的解放と人間的解放は全く別のものでした。その基本的な出発点から彼は、そもそもキリスト教徒もユダヤ人も、資本が支配する現在の体制では人間的な解放は期待できず今後もありえない。国家がプロイセンであるか否かに関係なく、資本から解放されない限りは、どのような民族も人間的に解放されることはないし、人間的に解放されていない人間が、真の意味で自由になることも豊かになることもないと主張していました。

そして、宗教にまつわる諸々の問題も、結局は社会の歪みが生み出しているのであり、ユダヤ人もキリスト教徒も、人間的解放を目指して戦わなければならない。そしてその戦いの段階にあっては、もはやユダヤ教だのキリスト教だのという違いには何の意味もない。要は資本主義と対決するかどうかなのだ——と論を進めていったのです。

ヘーゲル左派との決別とマルクスが買った顰蹙

要するにマルクスは、「ヘーゲル法哲学批判序説」「ユダヤ人問題に寄せて」というふたつの論文を通じて、「私にとって宗教はもはや関心の対象ではない。社会との対決がすべてだ」と意思表示し、同時にヘーゲル左派との絶縁も宣言したということです。「宗教は阿片」というマルクスの言葉にしても、その文脈から理解しなければいけません。

もっとも、これを書いたことでマルクスが相当に顰蹙《ひんしゅく》を買ったのも事実です。

1843年当時のマルクスは母国プロイセンでは政府の検閲により執筆活動ができなくなっていたことから、同じヘーゲル左派の仲間であるアーノルド・ルーゲとともにパリへ亡命します。ドイツとフランスの社会主義者が集まって寄稿する『独仏年誌』という雑誌を創刊し、彼自身の「ヘーゲル法哲学批判序説」「ユダヤ人問題に寄せて」の両論文もここで発表しました。

しかし「ヘーゲル法哲学批判序説」において宗教を「民衆の阿片」と表現したことは、『独仏年誌』に執筆してもらおうと考えていたフランスの知識人にとっては受け入れがたいことであり、結局そのせいでフランスの執筆者全員から、執筆を拒否されてしまうことになりました。なぜならフランスの人々はカトリックの信仰に厚かったからです。

この時代のフランスの人々にとって（宗教を徹底的に批判したピエール＝ジョゼフ・プルードンは例外として）宗教とはそれくらい大きなもの、というより自明のものであり、宗派・教派の別は様々あるにしても無神論者はほとんどいませんでした。

そうした彼らにとっては、マルクスが宗教を否定しないまでも、宗教への無関心を表明したことはたとえ社会主義者であろうと非難されるべきであり、もはや一緒に政治・言論活動をしていくことなど考えられないほどの破廉恥と受け止められたのです。

なおフランスには、カトリックの聖職者でありながら社会主義を志向したフェリシテ・ド・ラムネー（1782－1854）のような「キリスト教社会主義者」の伝統もあり、その系譜は現在も脈々と続いています。

ヨーロッパでは「宗教性のない議論」はタブー

宗教が人々にとって共通のバックグラウンドである状況は、現在のフランスでもさほど変わりがありません。

フランスでは1905年12月9日に世界に先駆けて「政教分離法」(ライシテ Laïcité)を制定し、宗教と政治を厳密に分け宗教政党を結成することを禁止しました。しかしそれでもフランスの文化のベースにカトリックの伝統が根付いている以上、政治上の議論であろうとカトリック的な常識を逸脱して行われることはまずありません。

政教分離がフランスほど厳密に行われているわけではない他の西欧先進国になると、政治の場にも宗教的な要素が当たり前のように顔を出してきます。

たとえば私は一時期オランダにも住んでいましたが、オランダ政界では同じ社会民主主義を標榜する左派政党でも、カトリック系とプロテスタント系、さらにユダヤ系と、それぞれ議員たちが信仰する宗派ごとに別々の党が存在し、信仰の違いがそれぞれの党が掲げる政策の微妙な違いを生んでもいました。

つまりヨーロッパのいくつかの国では労働運動も思想も宗教に先んじて存在はしないのであり、宗教を抜きにした思想や運動もないということです。

ただ繰り返しになりますが、マルクスは宗教そのものではなく、宗教がその存立基盤とする国家的権力を批判したのであり、ヘーゲル左派への批判も、決して宗教そのものへの批判ではありませんでした。

その意味ではマルクスといえども、自分の生きた時代、ヨーロッパの歴史や文化から突出していたわけではありません。

宗教と政治の関係を明確に切り離した国に、イスラム教国トルコがあります。トルコは20世紀に近代化を進める中で、イスラム教との距離を取っていった国です。独立の祖、ムスタファ・ケマル・アタテュルクの名を取ってケマル主義といいますが、その建国の柱のひとつが、世俗主義という思想でした。それまでのカリフ制から脱却し、共和制を進めるために、フランス同様の世俗主義を取ったのです。

しかし、だからといってイスラム教が消えたわけではなく、21世紀の現在、レジェップ・タイイップ・エルドアン体制になって、イスラム教はトルコ共和制の中で復活している感があります。定期的に町中に流れるアザーン（イスラム教の礼拝の呼びかけ）の声は、現在のアンカラでも、イスタンブールでも鳴り響いていますし、女性のスカーフは復活している感があります。

当然ながら、共和制という発想の起源の国フランスから見れば、これらは宗教の復活、世俗主義の否定のように見えますが、そのフランスにおいてもカトリック教会は、フランス政府から完全に離れているわけではないのです。フランス文化省の遺産の多くが教会修復に使われているだけではなく、本来カトリックの学校は認められるべきではないのですが、古くからの伝統のある学校はそのまま承認されています。

旧統一教会との関係で言えば、フランスにはカトリックやイスラム教のような伝統ある宗教ではない、危険でラジカルな宗教、すなわちセクトは認めない法律があります。2001年に制定された法律は、人権に違反する宗教的セクトに対して厳しい処置を行う法律です。しかし、運用については議論を呼び、実質的に廃絶されている法律とも言えます。

サイエントロジーというアメリカの宗教集団が、フランスでも問題になりましたが、この法律は適用されていません。宗教問題はきわめてデリケートな問題を持っていて、たとえばイスラム教で実施されている学校でのスカーフの着用をめぐって、信仰の自由なのか、それとも公教育への冒瀆《ぼうとく》なのかについて議論がされています。

いずれにしろ、宗教は近代的合理主義で簡単に割り切れるものではなく、聖俗を分離すると言っても簡単にできるものではないということです。

カトリックと全面的に対決した社会主義者

しかしマルクスさえ踏みとどまった文化的な壁を飛び越えて、宗教そのものに噛《か》みついた社会主義者がこの時代に一人だけいました。マルクスの最大のライバルであったプルードン（1809-1865）がそうです。

プルードンが宗教を敵視した最大の理由は、特にカトリックに典型的である極端な権威性にありました。

カトリックにおいてはローマ法王を頂点としてその下に枢機卿、大司教、司教、司祭（神父）、修道士（修道女）、ピラミッド構造の最下層に末端の信徒がいるという位階制度が存在し、この縦のヒエラルキーは絶対です。教会における権威者が言うことはたとえ間違っていようと疑問を呈することは許されない関係性の中で、わかりやすい例では聖職者による児童への性虐待のような罪が繰り返されてきました。

プルードンはこのキリスト教に特有の極端な位階制が資本主義的な支配―非支配関係の原型であると考えました。資本家が労働者を抑圧し、権力者が民衆を収奪する関係にしても大本はキリスト教にあり、（宗教ではなく社会が問題だと考えたマルクスとは対照的に）資本主義社会の不条理もまたキリスト教の負の部分が滲《にじ》み出たものと考え、徹底的に憎悪したのです。

一方でキリスト教の側も、自分たちに本気で牙を向けてきたプルードンに激怒し、総力を挙げて彼のことを糾弾したのみならず、カトリックと結託した当時の政治権力からも迫害されました。プルードンの人生は一言で言えば壮絶です。貧しい職人の家に生まれ、幼い頃から印刷工の丁稚《でっち》奉公をしながら独学で神学や言語学を習得し、一時は著作が評価されて国民議会議員にまで選出されましたが、教会の怒りを買ったことで著作の発禁処分を受け、禁錮刑と罰金刑を課され、ブリュッセルに亡命もしました。かといって他の知識人たちが助けてくれるわけでもなく、どこのサロンにも呼んでもらえないという完全な孤立状態に置かれたのです。

はっきり言えば、プルードン以上にひどい目に遭った思想家はこの時代にはいません。

それでも彼は絶対に自説を曲げなかったのです。

マルクスはそこまでしませんでした。マルクスのヘーゲル左派への批判は、宗教そのものの問題点、つまりカトリックに代表される宗教の権威性や徹底した位階制を批判したわけではなく、社会の位階制こそが問題なのであり、その現実社会の位階制において特権的地位を占める資本家たちこそが敵であるとしただけで、その意味ではマルクスはキリスト教に融和的でさえありました。それに対してプルードンは「資本家も教会も同じように最悪だ。あらゆる権力を打倒しろ！」と叫んだのです。

だから、プルードンの本質は国家や政府の権威を否定するアナキストです。アナキストは通常、「無政府主義者」と訳されますが、「無権威主義者」と訳す方が適当でしょう。

資本主義を動かすカトリック教会の資金力

ただマルクスとプルードンの時代から約150年後を生きている我々が彼ら二人の宗教観を比較した場合、プルードンの方が本質を突いていたと思える面が多々あります。

特に世界最大の資本主義国であるアメリカは今や最大の宗教国家でもあり、いわゆる原理主義者と呼ばれる人たちが政治家や資本家と結託しながら、巨大な影響力を行使している現状があります。この影響力が、貧困の解消や環境保護、戦争の防止など人類が重要な課題に取り組む上での阻害要因になっていることは否めません。

思えば社会主義ソ連が崩壊する遠因となったのもポーランドやユーゴスラビアにおけるカトリック教会の影響力でした。

カトリック教会には全世界で約13億人の信徒がいますが、ローマ法王があるひとつの方針を指し示せば、この信徒が一斉に同じ方向へと動くという組織です。その意味では国境とは無関係に存在するひとつの巨大な国家のような存在でしょう。

またこの国家は巨大な資産も蓄えており、この資金がグローバル企業に流れ、大株主となることで、時には社会主義国にも影響を及ぼしてきました。

そのひとつの象徴が、1970年代にコカ・コーラとペプシがソ連での販売利権をめぐって争い、最終的にペプシが勝利した出来事です。

アメリカのコーラ業界は伝統的にコカ・コーラが共和党、ペプシは民主党との関係が深かったのですが、1970年代の共和党ニクソン時代にはその関係が逆転。ペプシの国際部門トップを経て就任したドナルド・ケンドールCEOがニクソンとの強固なパイプを通じてレオニード・ブレジネフ書記長（当時）にペプシを売り込み、1972年にはソ連でコーラを販売する独占権を得て、ライバルであるコカ・コーラを1985年までソ連市場から完全に閉め出すことに成功しました。この一連の動きに、実はカトリック教会からペプシに流れていた資金が影響していたことを2019年のドキュメンタリー映画『COLA WARS／コカ・コーラvs．ペプシ』は描いています。

それほどに大きなビジネス上の勝利をもたらしてくれるカトリック教会の巨大な資本力を目当てにすり寄る企業は現在も絶えず、その意味ではローマ法王が資本主義を動かしていると言えるのです。

『資本論』のここを読む

第4章　宗教は人を救うのか

「宗教は民衆の阿片」とは
宗教問題について

マルクスは、1841年にベルリン大学を卒業した後、イエナ大学に博士論文を提出します。当時プロイセンではユダヤ人問題とキリスト教の問題が議論されていました。1843年に『ライン新聞』の編集長を解職され、『独仏年誌』をパリで発刊します。その時掲載された論文が、「ヘーゲル法哲学批判序説」でした。宗教批判から社会批判に変わる画期となるもので、それ以後宗教問題は言及されなくなります。『資本論』第一巻においては、1章「商品」で宗教批判、とりわけルターへの言及があります。

ヘーゲル左派との決別とマルクスが買った顰蹙

『独仏年誌』について

マルクスは、検閲の厳しいプロイセンからフランスのパリに移動し、そこでルーゲと『独仏年誌』を出版しますが、ヘーゲル左派はキリスト教を批判する無神論者だとフランス側の執筆者に思われ、フランス側の執筆者抜きで、1844年に出版されます。ハインリヒ・ハイネ、マルクス、ルーゲ、ミハイル・バクーニンなどの論文が掲載されます。

カトリックと全面的に対決した社会主義者

プルードンについて

マルクスは生涯、プルードンを批判しました。プルードンの経済学を批判することが、彼の経済学の形成のきっかけとなっています。最初のまとまった批判は、『哲学の貧困』（1847年）です。拙訳『新訳哲学の貧困』（作品社、2020年）参照。

資本主義を動かすカトリック教会の資金力

キリスト教の暴力的役割について

『資本論』第一巻では、24章「いわゆる本源的蓄積」の6節「産業資本家の生成」で、キリスト教が資本主義の本源的蓄積に果たした暴力的役割について述べています。

第5章

SDGsと資本主義は両立するか

［環境］

資源のないヨーロッパ

資本主義が世界で最初にヨーロッパで発達した要因は、ひとつにはこの大陸の、資源の乏しさにありました。

どういう運命のいたずらか、ヨーロッパは昔から大陸全体で金の採掘量が少なく、かなり早い段階で掘り尽くしてしまいました。銀に関しては、15世紀にアウクスブルクの豪商フッガー家がイタリアとオーストリアにまたがるチロル銀山の経営権を独占し、莫大な富を築いたこともありましたが、それも今やほぼ枯渇しています。

貴金属もなければ、綿花もコーヒーも胡椒も栽培できないヨーロッパは、貴重な品物は何であろうと他所の土地に求めるしかありませんでした。これが第3章などで説明した「本源的蓄積」としての収奪、侵略を促し、ヨーロッパで資本主義発展の下地が作られたというわけです。

ただ資本主義を直接的に確立した産業革命に必要だった動力に関しては、その初期においては外部からの収奪は必要ありませんでした。リチャード・アークライトが1771年に発明した水力紡績機は水を使って水車を動かすことで動いていましたし、次に登場した蒸気機関を動かすのに必要な石炭は、ヨーロッパにはどういうわけか無尽蔵に近いほどあったからです。

しかし19世紀の後半、石炭より効率の良いエネルギーである石油が発見されると、アメリカやヨーロッパは石油欲しさにこれまでは見向きもしなかった地域に目を向けるようになりました。最初に目をつけたのは、現在のアゼルバイジャンにあるバクー油田でしたが、20世紀前半にペルシャ湾に世界最大規模の油田が見つかると、欧米各国は19世紀まではほとんど無関心だった中東の利権確保に血眼となりました。

英米の国際石油資本およびCIAはイランに傀儡政権であるパーレビ朝を樹立させ、脱イスラム化と世俗化を進めたものの失敗し、1979年のイラン革命を勃発させるに至りました。1990年の湾岸戦争でも、アメリカは当初イラクのクウェート侵攻を黙認する姿勢を見せていたにもかかわらず実際にサダム・フセイン大統領（当時）がクウェートに攻め込むと一転して非難し、反イラクの国際世論を盛り上げるために「イラク兵がクウェートで非人道的行為を行っている」という偽の証言まで捏造《ねつぞう》して開戦に踏み切るなど、謀略まがいのことを繰り返してきました。

石油に代わるエネルギーとして原子力が注目されたこともありましたが、原子力発電所を動かすにもウランが必要です。ウランは地球上に埋蔵されている場所は意外と多く、オーストラリアはかなり豊富で日本でも採れないことはありません。しかしウランの採掘には作業員が放射線に被曝するリスクがあり、自国民や先進国の国民は補償コストが高くつきすぎて使えません。そのため先進国は西アフリカのニジェールや南アフリカのナミビアといったアフリカでも特に貧しく、彼らからすると「生命の値段が安い」国の国民たちをウラン採掘のために使役してきたのです。

ですから結局はエネルギー資源のあるところに帝国主義もあるのであり、資源国と非資源国は、常に戦わざるをえない運命にあるのです。

資源国の賭け

しかしこの対立関係が、21世紀に入って環境問題が世界的関心を集めるようになって以来、少し様相が変わり始めています。石油や石炭、天然ガスなどの資源エネルギーに代わり、太陽光や水素などのクリーンなエネルギーが普及して脱炭素化が進むようになると、資源国は先進国からの帝国主義的介入は受けなくなるにしても、資源国の政府が先進国政府と政治上の駆け引きをする上で使えるカードもなくなってしまうからです。

もちろん今の時点では太陽光や水素エネルギーで飛行機を飛ばすのはまだ難しいですし、鉄道も動かせません。しかし将来的にはそうしたことが再生可能エネルギーでできるようになった場合、ロシアやサウジアラビア、ナイジェリア、リビア、ベネズエラ、そしてインドネシアなどの石油産出国は主要な輸出品を失い、国際関係で非常に弱い立場に甘んじなければいけなくなります。それをよく理解しているからこそ、これらの国々は基本的に団結し、先進国を相手になるべく多くの政治的成果を得ようと駆け引きを演じており、ウクライナ戦争でついに一種の勝負に打って出た観があります。

この結果、西欧では今シニカルな現象が起きています。

たとえば近年のドイツはヨーロッパの中でも特に環境問題への取り組みが先進的とされ、2021年9月の連邦議会選挙で環境政党・緑の党が第3党となり連立与党の一角を占めるようになってからは、2030年までの石炭の使用廃止と、国内で使用される電気の80%を再生可能エネルギーで賄う計画さえ発表していました。その一方で2015年のパリ協定を遵守せず相変わらず大量の温室効果ガスを出し続けるロシアや中国、あるいは石炭を未だに使用しているアフリカ諸国に対しては、国際会議などの場で高飛車な態度でさえあったのです。

ところがウクライナ戦争勃発後にドイツがロシアに対する経済制裁に踏み切り、その報復としてロシア側がドイツへの天然ガス供給をストップした途端に、ドイツは今までのような綺麗事を言っていられなくなってしまいました。

ロシアから天然ガスが供給されず、かといって再生可能エネルギーだけでは到底国内のエネルギー需要を賄えないとあって、ドイツは温室効果ガスのことなど度外視して石炭の利用に踏み切らなくてはいけなくなりました。しかし石炭そのものは自分たちの足元に山ほど埋まっていても採掘ができません。国内には炭鉱労働者などもはやいませんし、採掘の技術もとうに失われているからです。

そこでドイツ政府はやむをえず南アフリカなどアフリカ諸国に「石炭を売ってくれないか」と打診する羽目になりました。ドイツから未開の野蛮国扱いされてきたアフリカ諸国からしてみれば、皮肉の一言も言いたくなるのは仕方ないシチュエーションでしょう。「クリーンエネルギー、クリーンエネルギーとあれほど言っていた割に、ずいぶん簡単に放棄するのですね。あなた方の言う「環境保護」や「ＳＤＧｓ」とはその程度のものだったのですか?」というわけです。

環境保護の欺瞞

もともと先進国が唱える環境保護には欺瞞《ぎまん》があります。たとえば中国は莫大なCO_2を排出しているという理由で環境問題では常に槍玉に挙げられる国ですが、中国がCO_2を排出するのは、日本やアメリカ、欧州の企業が生産の拠点を自国から中国に移転し、製造を中国に請け負わせたのが大きな要因です。その意味では、先進国も中国の環境汚染には責任を負うべきであり、本来ならば自国で引き受けるべき汚れ仕事を他国に押し付けて表面上身綺麗にしているからといって、押し付けた側が偉そうにできる道理などないのです。

これと同じことは民主主義に関しても言えます。一般に西側の先進国は民主主義を採用しているので人権や個人の自由を尊重する、検閲などもしないということになっていますが、その実西側諸国はアフリカをはじめとする発展途上国では自国の資本主義に都合がいいというだけの理由で独裁的な政権を温存し、そうした国で現在も行われている人権侵害に間接的に加担している構図があります。

ですから2022年9月の国連総会で、アフリカ連合(AU)のマッキー・サル議長(セネガル大統領)など多くのアフリカ諸国が、「アフリカは新たな冷戦の温床になりたくない」と訴え、ウクライナ戦争での中立を表明したのも至極当然のことでした。

ＳＤＧｓから忘れられた「優先項目」

今では猫も杓子も唱えるようになったＳＤＧｓ（Sustainable Development Goals＝持続可能な開発目標）なる言葉についてあらためておさらいしておくと、２０１５年９月の国連サミットで、加盟国が「２０３０年までに持続可能でよりよい世界を目指すための国際目標」として全会一致で採択した「17の目標」と「１６９のターゲット」のことです。

ＳＤＧｓの「17の目標」を列挙すると、以下のような項目が並んでいます。

①貧困をなくそう
②飢餓をゼロに
③すべての人に健康と福祉を
④質の高い教育をみんなに
⑤ジェンダー平等を実現しよう

⑥安全な水とトイレを世界中に
⑦エネルギーをみんなに。そしてクリーンに
⑧働きがいも経済成長も
⑨産業と技術革新の基盤をつくろう
⑩人や国の不平等をなくそう
⑪住み続けられるまちづくりを
⑫つくる責任、つかう責任
⑬気候変動に具体的な対策を
⑭海の豊かさを守ろう
⑮陸の豊かさも守ろう
⑯平和と公正をすべての人に
⑰パートナーシップで目標を達成しよう

どんなスローガンであろうと、複数の項目が列挙されている場合は最初の方に並んでいる項目ほど重要です。SDGsならば、17の目標のうち、「貧困をなくそう」「飢餓をゼロ

に」「すべての人に健康と福祉を」「質の高い教育をみんなに」「ジェンダー平等を実現しよう」「安全な水とトイレを世界中に」などの項目は後半の「気候変動に具体的な対策を」「海の豊かさを守ろう」「陸の豊かさも守ろう」などよりも優先順位が高いはずです。

ところが現在のSDGsは、どういうわけか環境保護と、環境保護に貢献できそうな新しいビジネスの創出といった面ばかりが強調されています。

特に日本はその傾向が顕著です。私は以前、文部科学省が取りまとめる形で開催された、各大学が行っているSDGsの取り組みについての報告会に自分の属していた大学を代表して出席したこともあるのですが、その場に出席していたのは東京大学や京都大学をはじめ大半の大学の代表者が理科系の研究者であり、発表内容も気候変動をはじめとする環境問題に対する取り組みが大半でした。

しかしその会議に国連を代表して出席していたある方は、それらの報告を受けて戸惑い気味なようでした。日本の大学関係者の取り組み自体はとても重要なことで評価もされるべきだが、国連が望んでいることとは若干のズレがあるというのです。

国連としては世界から貧困や飢餓を撲滅することを最重要課題に位置づけており、ひいては日本の大学関係者にも、将来的にそうした活動に従事してくれる若い人材を育成することを何より期待している。先進国にいながら研究開発に没頭し、アフリカの、とても人間が飲めたものではない泥水を濾過《ろか》して飲めるようにする器具の開発をすることもできるが、しかしまずはアジアやアフリカ、ラテンアメリカなどの貧しい国まで出かけていき、現地の人々と直接的に関わり合いながら貧困と対峙できる人材を育ててほしいし、具体的には17の目標の中の特に最初の4項目をあらためて重視してほしい、というのです。

私自身は国連の職員になることが必ずしも立派な選択とは思いませんが、しかしアフリカなどへの赴任を命じられ、衛生環境も劣悪な中で現地の人たちのために尽くす国連職員の仕事は、高い能力が要求される割に十分な見返りがあるとは言いがたく、志望者が多いわけでもありません。だからこそ日本の大学に、金銭や名誉ではなく志を第一の動機として人生の選択ができる人材を育ててほしいという国連の言い分はよくわかります。

しかし現実には一流大学と言われているところほど環境保護を大義名分とした新商品の研究開発ばかりやっているというのでは、「SDGsとは一体何なのか」ということになってしまいます。

サスティナブル成長率の正体

そもそもSDGsのような理念を現実にしようとするならば、過剰生産によってモノが飽和状態に陥り、その結果として経済停滞をも引き起こし始めた資本主義的生産体制を打破しないことにはどうにもなりませんし、環境保護が本当に人類にとって喫緊の課題であるなら、経済成長率はゼロ成長またはマイナス成長でなければいけないはずです。

ところが実際のSDGsは8番目の目標にあるように経済成長を全く否定していません。これはSDGsそのものが、資本とのある種の癒着、妥協の産物として始まっていることの証明です。

自己増殖を自己目的化している資本主義はゼロ成長やマイナス成長は絶対に許しません。仮に成長が止まれば、資本家はすでにいる他の資本家との壮絶な共食いをする以外になくなります。

地球上の資源を利用しながら継続できる持続可能な成長率（サスティナブル成長率）として「2％」という数字がよく使われますが、最低限その程度の成長をすれば、資本家はその共食いをしなくて済むということでしょう。

もちろんこれがちょっと昔ならば、作りさえすればモノが売れていく10％の成長率など当たり前の時代だったのですから、2％などという成長率で我慢できる資本家はどこにもいません。それが今なぜ「2％でサスティナブルな成長」などと言っていられるかといえば、リーマンショック以降、世界的に低成長に陥っており、GDPという数字だけは伸びていても実質的な経済成長であるモノの生産量自体は長期的に伸び悩んでいるからです。ですから、今は停滞している時代だからということでサスティナブル成長率だろうと我慢している資本家たちも、なにかの拍子で高度成長の時代が再び到来すれば簡単に打ち捨てるでしょう。

イソップ寓話のひとつに『ライオンの分け前』という話があります。ライオンとロバとキツネが3匹で狩りに出かけ、たくさん獲物が取れたので分配することになったものの、ロバがみんなで平等に分けようとするとライオンは怒ってロバを食べてしまった。次にキツネに分配のやり直しを命じると、キツネは大部分をライオンに差し出し、自分はわずかしか取らなかった。満足したライオンが、なぜこのように分けたのかと尋ねると、キツネは「ロバの運命が、私に分け方を教えてくれました」と答えたという話です。

資本主義とは仮に大多数の人がロバやキツネであろうとしても常にどこかからライオン

になろうとする者が現れ、「ライオンの分け前」を要求し始めるシステムなのです。

環境ビジネスは儲かる

一方で資本の側は、環境保護を大義名分にしたビジネスは意外と儲かるということにすでに気がついています。

電気自動車にしても太陽光発電システムにしても、これからの時代の産業の中核になっていくことは間違いありません。

世界中を走っていたガソリン自動車が一斉に電気自動車に切り替わり、火力発電所や原子力発電所が大規模な風力発電装置やソーラー発電装置に切り替わって将来のGDPの大半を占める産業になるのが確実であるなら、資本としては乗らない理由がありません。

しかもこれらの産業がそれ以上に資本にとって都合がいいのは、「従来の在庫を一掃できる」という点であり、それこそ資本主義社会にあってSDGsなるものが歓迎されている最大の理由です。

先ほども述べたように、今の世界ではGDPは伸びていても工業生産は伸び悩んでいます。その理由は明らかで、現代の世界では先進国ならば大抵の人が自分に必要なものを持っているからです。

たとえば高度成長期に「三種の神器」と呼ばれたテレビや冷蔵庫、洗濯機、「新三種の神器」に数えられたカラーテレビ、エアコンや自家用車などは今ではほとんどの家庭にありますし、持っていない人はその人のライフスタイル上必要ないから買わないだけなので無理やり買わせることはできません。メーカーの側が新しいモデルを開発し大々的に宣伝しても、実際のところ10年前の製品とそこまで性能に変わりがないので買い替え需要も強くはありません。

しかしここで現在各家庭にあるテレビが、何らかの理由で「使ってはいけないもの」になってしまったら、誰もが一斉に買い替えに走らざるをえなくなります。資本の側から見たSDGsは、そうしたきわめて大規模な在庫一掃の奇貨として利用することもできるものなのです。

自動車にしても、読者の皆さんが今自動車の買い替えを検討しているとして、次に買う車はガソリン車とハイブリッド車、そして電気自動車という3つの選択肢の中から選ぶことになりますが、電気自動車に関しては、いずれは主流になるとわかってはいてもまだまだ高価ですし、バッテリーの性能の問題もあって航続距離に関する不安も指摘されていま す。普通に評価すれば、まだそれほど需要がある商品とは言えません。

しかしガソリン車に関しては、今多くの国が2035年、早いところになると2025年までに廃止するという方針を掲げていますし、自動車メーカーの側も、ガソリン車の新型モデル発表をそろそろ打ち止めにすると表明しています。2022年の時点でガソリン車の新車を購入しても、次に乗り換える頃にはもう中古車市場に売りに出しても買い手が現れず、損をする可能性が高いということになります。

そう考えると、社会における電気自動車化は私たち消費者の実感以上に進んでいるのかもしれません。

脱成長で幸せになれるのか

本当に環境問題を解決したいのであれば、サスティナブル成長などという中途半端なことをしていてはダメで、ゼロ成長なりマイナス成長、つまり脱成長するしかありません。

しかしこう言うと読者の中には、「脱成長で人類は本当に幸せになれるのか？」という疑問を持つ人もいるでしょう。

「脱成長」を受け入れるということは、ある意味では時計の針を数百年分巻き戻し、「中世」的なライフスタイルに戻るということでもあります……などと言うと、ますます拒否反応を示す人も多いかもしれません。なにしろ中世という時代を、私たちは通常、暗黒の時代だと考えているからです。

こうした中世観は近代の歴史家たち、特にオランダの歴史家ヨハン・ホイジンガが1919年に著した『中世の秋』で一般化されました。しかし私たち自身が中世という時代を実際に見て何かを知っているわけではありません。

中世においては、ヨーロッパで人口が10万を超す都市はイスタンブールなどごくわずかな例外を除いてほとんどありませんでした。

その頃のヨーロッパの街はどこも農村の延長線上にある小規模な集落であり、そこに暮らす人たちは毎年同じ生活をし、同じものを作るという単純再生産の世界でした。彼らの日々の生活に現代のような刺激がなかったことは間違いありませんが、その代わりに自然という共有財産から得られる恵みは豊かでしたし、現代と比べてどちらがより暮らしにくい社会かと言えば、これはもう「見方による」としか言いようがないでしょう。

より率直に言えば、この中世の時代ほど安定していた時代はありませんでした。たとえば、紀元前27年に始まったローマ帝国は、東ローマ帝国が1453年にオスマン帝国によって滅ぼされるまで1500年近くも存続しています。

それと比較すると、ただでさえ喧嘩に明け暮れている現代の国民国家の中にそれほど長い間存続可能な国があるかどうかは甚だ疑問です。現代のような歴史上類がないほどに慌ただしく変化が起こる時代にあっては、戦争が起こらずとも消滅する国はますます増えていくでしょう。

脱成長と社会主義

ただ脱成長の問題についてもう少し詳しく説明しておくと、単純に中世と同じ生活に戻るわけではないことは言うまでもありません。

中世の場合、台風などの自然災害や疫病などの猛威に対して人間の側があまりに無力であり、時には大規模な死者も出ました。ゼロ成長はその結果でしかなく、いわば自然から強制されたものでした。

しかし現代における脱成長はそれとは真逆です。科学技術を駆使することで石油や石炭から自然エネルギーに転換し、それにより工業生産力が減る代わりに地球温暖化に歯止めをかけ、台風による被害を減らす。あるいは南極の氷が溶けるのを防ぐことで古代の、現代人が免疫を持たないウイルスが地球上に拡散されるのを防ぐ。こうした取り組みは、自然をコントロールし共存するための自発的な選択にほかなりません。

そう考えると脱成長を受け入れるも受け入れないも、最後は考え方しだいということになるのではないでしょうか。

これは、ある意味で社会主義についても同じことが言えます。

現代の日本で社会主義というと、ほとんどの人はソ連時代の「監視社会」「モノがない」といったネガティブなイメージだけで語りたがります。しかしそうした西側的なバイアスを注入されずに暮らす分には、その国の国民たちからしてみれば案外楽しいこともたくさんある社会でしたし、そうでなければロシアの国民が、資本主義を経験した今もソ連を懐かしがっている理由を説明できません。

私も社会主義時代のユーゴスラビアに住んでいましたが、社会主義国の何がいいかといえば、とにかく「食いっぱぐれがない」ということです。

つまり自分だけ豊かになれるかどうかは別にして「健康で文化的な暮らし」ができるだけの最低限度の生活保障があり、少なくともユーゴスラビアではその「最低限」のラインは第2章のベーシックインカムの項目で述べたように決して悪くないものでした。

本人が就きたい仕事に必ず就けるわけではないけれどその人の能力や適性に応じて仕事は確実に斡旋《あっせん》され、住宅や家具、家電、衣服、食料品なども、資本主義国の製品のように高品質ではないにしろ普通に使う分には問題のないものが手に入ります。

所得は比較的みんなが平等に低水準でしたが、基本的に物価が安く、住宅をはじめとして賃金ではない現物で給付されるサービスが豊富であり、無料で受けられる医療や教育のサービスはきわめて高かったので国民の生活水準は総じて高く、日本のような貧困にまつわる悲劇はありませんでした。

もちろん社会の影の部分が全くないわけではなく、たとえば私が住んでいたザグレブでもちょっと郊外の方に行くとロマ（ジプシー）の部落があり、ロマの人々は一般市民から差別的な目で見られていました。ロマの中には伝統の熊使いを職業とし、時々街に出ては熊に芸をさせる大道芸でお金を貰っている人もいました。

こうした自営業者はルーマニアにも、どこにでもいるものですが、彼らのような一カ所に定住することなく渡り鳥のような生活を送る人を社会主義は包摂できないのです。

それ以外にも上昇志向が強く、経済的に人よりも抜きん出ないことには絶対に納得できないタイプの人、要するに「俺は世界一の金持ちになりたい。ビル・ゲイツのような大富豪になれないなら人生など無意味だ」という価値観の持ち主にはこの社会は苦痛でしょう。

しかしそうでない普通の庶民にとっては全く問題のない社会でした。

現代の中国にしても「人権後進国」「独裁国家」「監視国家」といったイメージがつきまとってはいるものの、実際に住んでいる人たちがそれにどこまで不満を抱いているかは安易に判断できません。

最近読んだあるインタビュー記事で、マレーシアでベストセラーを数多く出しているという、ある中国系作家が「中国の監視社会化についてどう思うか」と質問されて、「中国は正月に2億人から3億人が旅行し、その中の1億人は海外旅行に行って無事帰ってきます。これでどうして、ラーゲリ（ソ連時代の強制収容所）のような自由のない国だと言えるんですか?」と答えていました。

たしかにこの作家の言うとおりで、中国政府が言論を弾圧し、情報操作しているとはいいますが、出国も入国も自由ですし、アメリカに海外旅行に行き、マクドナルドで食事をしてハリウッド映画を観てきたからといって逮捕されることも殺されることもありません。

一方でアメリカには約3億人の人口がいますが、その半分近くの人が生涯の間に一度も海外旅行に行くことがないと言われます。アメリカ人にとって旅行とはほとんどの場合、アメリカ国内の別の町に行くことであって、ヨーロッパはおろか隣のメキシコさえ関心の対象外なのです。

アメリカが自由の国であるというのが仮に本当だとしても、自由である結果、他の国を見てみたいという意欲さえ持てなくなった国民が本当に自由と言えるのか。これもまた、見方によるのではないでしょうか。

COLUMN

コロナが資本主義にもたらしたもの

全世界で6億人以上が感染し、654万人が死亡（2022年9月時点）した新型コロナウイルスは、すでにリーマンショック後に現れていた現象をより加速させました。

リーマンショックは世界に反グローバリゼーション（国家回帰）の風潮をもたらしました。その時、国家や国境の枠に縛られることを嫌い、多国籍化、グローバル化する一方だった先進諸国の大企業が、恐慌が起きた途端に破綻を免れようと国家に救いの手を求め始めたのです。

日本の企業もこぞって「国家がえり」を開始し、五輪をはじめとするナショナルフラッグイベントに群がるなど、国民の税金を自社の収益に結びつけることに躍起になりました。

ただこの国家がえりには、グローバリゼーションの拡大とともに発達してきた世界的なサプライチェーン（製品の原材料・部品の調達から、製造、在庫管理、配送、販売までの全体の一連の流れ）を崩壊させてしまうという難点があります。これは資本にとっても由々しきことなので、本来ならばいつまでも続けられるものではありません。

ところがリーマンショックからの回復途上でコロナという予期せぬ事態が起きた結果、企業は否が応でも国家に閉じこもらざるをえなくなってしまいました。

2022年も終わりに来て海外旅行も少しずつ解禁されるようになっていますが、海外に出ようとすると以前には考えられなかったような苦労がつきまとう状況が続いています。ヨーロッパの空港でもパンデミック期間中に従業員を大量解雇した影響でロストバゲージなどのトラブルが多発し、フライト自体は1時間程度で済むはずが空港で何時間も足止めされるようなケースが非常に増えているのです。

こうした物理的な輸送の遮断と、民衆がそれぞれの国への精神的な帰属意識を強めるナショナリズム傾倒の動きがないまぜになって起きたことで輸入品離れが進み、自国で生産できるものはなるべく自国で生産し自国で消費しようという意識も強まっています。

ただよく考えると、昔は今ほど貿易が盛んではありませんでしたので、こうした地産地消は当たり前のことでした。

特に牛肉などは、私が若い頃は輸入品などなく今で言うところの「和牛」しか手に入らなかったので、すき焼きは1年に1回食べられるかどうかという大変なご馳走であり、ビーフステーキなど夢のまた夢の食べ物でした。

それが1970年代、日本の大手流通企業がオーストラリアやアメリカなどに牧場を購入し、そこから直接輸入する試みを始めたことで海外から安い牛肉が少しずつ入ってくるようになりました。1991年の輸入自由化以降は格段に量が増えています。

こうしたサプライチェーンを整備することはグローバル企業にとっては死活的に重要であり、牛肉に関してはマクドナルドが世界最大のサプライチェーンを擁しています。

資本主義にとってコロナは、各社が営々築き上げてきたこれらサプライチェーンの仕組みを危機に陥らせたという点で非常に厄介だったのです。

一方でコロナ禍がもたらした「国家がえり」は反資本主義の側にとっても痛手でした。マルクスの理論では、資本主義の打倒には世界のプロレタリアートや貧困層の国境を超えた団結が不可欠なはずが、「他国を搾取してでも自分たちが助かりたい」という風潮がコロナ後の世界ではむしろ強まったからです。

たとえばコロナのワクチンのようなものは、グローバリゼーション全盛の時代であればどこの国が作ろうと売ってくれさえすれば何の問題もないはずでした。しかし実際にはアメリカやヨーロッパでは普通に薬事承認され、接種後の入国も認められている中国医薬集団（シノファーム）や科興控股生物技術（シノバック・バイオテック）など中国製ワクチンは日本では未だに承認も接種後の入国も認められていません。これなどは日本政府の国策以外の何物でもないでしょう。

その一方で一般国民のレベルでは、中国製だけでなくアメリカ製のファイザーやモデルナに対しても「治験は本当に十分に行われたのか？」「他国では接種後の副反応の方が危険ではないか？」など安全性を疑う声が根強くあります。こうした疑心暗鬼が生まれる背景のひとつには、生命に直結する製品を外国産に頼ることへの忌避感があります。

日本では今のところ国内製薬会社が新型コロナワクチンの開発に成功しておらず、唯一、武田薬品工業がアメリカのノババックス製ワクチンの製造技術移管を受けて国内で製造しているのみですが、これが完全に自国製のワクチンが当初から普及していれば、一般国民のワクチンへの忌避感は今ほどではなかったかもしれません。

いずれにせよ、現在の世界では各国国民のナショナリズム回帰が複雑に絡み合うことで対立が起きており、このナショナリズム回帰がなければ、ウクライナ戦争も今あるような形では起こらなかったはずです。

『資本論』のここを読む
第5章 SDGsと資本主義は両立するか

資源のないヨーロッパ
機械制大工業について

アークライトやジェームズ・ワットなどの発明家について、『資本論』では第一巻第4編「相対的剰余価値の生産」の12章「分業と工場制手工業」、13章「機械装置と大工業」で触れています。経済史的事実を克明に調べています。

資源国の賭け
エネルギー資源について

『資本論』第一巻では、エネルギーや原料は自然素材として言及されています。第3編「絶対的剰余価値の生産」の5章「労働過程と価値増殖過程」の1節です。また流動資本という言葉で、『資本論』第二巻第2編「資本の回転」8章「固定資本と流動資本」で語られます。エネルギー資源の価格に及ぼす影響については、『資本論』第三巻第1編「剰余価値の利潤への転化と剰余価値率の利潤率への転化」で語られますが、とりわけ第3編「利潤率の傾向的低落の法則」が重要です。

環境保護の欺瞞
自然環境について

マルクスが最初に自然環境について触れたのは、1844年に書かれた『経済学・哲学草稿』です。その第三草稿は重要です。『資本論』では、自然という概念として言及しています。先の第一巻の5章の労働過程という概念です。また、アジアの島の例を出して、自然の恩恵について触れている第5編の14章「絶対的剰余価値と相対的剰余価値」は重要かもしれません。日本の例を引用しながら、清潔さと環境保全そして節約という意味で、用便の自然循環について言及しています。それは『資本論』第一巻の23章「資本主義的蓄積の一般的法則」と、第三巻の5章「不変資本充用上の節約」の第4節「生産の排泄物の利用」です。

SDGsから忘れられた「優先項目」

窮乏または貧困について

『資本論』では、貧困を職業にありつけない過剰人口の問題として捉えています。第一巻23章「資本主義的蓄積の一般的法則」の3節「相対的過剰人口または産業予備軍の累進的生産」です。また、資本主義が一方で生活を豊かにしようとして、他方で貧困を増大させるという矛盾については、『資本論』第三巻15章「利潤率の傾向的低落の法則。その内的矛盾の展開」に書かれています。

サスティナブル成長率の正体

『ライオンの分け前』について

『資本論』第三巻の15章「利潤率の傾向的低落の法則の内的矛盾の展開」の3節「人口過剰での資本過剰」の中で、資本家相互の対立について述べています。資本家相互の利潤の対立が、欲を肥大化させるわけです。

脱成長で幸せになれるのか

中世とはについて

ホイジンガ『中世の秋』(上下巻、堀越孝一訳、中公文庫、2018年)は、中世は刺激に満ちた時代であったと言っているのですが、成長が停滞していた中世は近代と違って衰退していたというイメージを伴う言葉になってしまいました。マルクスは、歴史を永遠の相で見たいと言っていますが、『資本論』では、中世はまさに陰鬱の時代として近代と対比されています。それは歴史的発展を示す意味で使われています。『資本論』第一巻1章「商品」4節「商品の物神的性格とその秘密」を参照。

脱成長と社会主義

未来世界について

『資本論』第三巻の第7編「収入とその源泉」48章「三位一体の定式」の中で未来世界について言及し、労働時間の短縮と合理的生産ということで無限の生産ではない世界を考えています。

終章 資本主義のその先

私的所有を廃し、社会化する

本書が述べてきたことは、結局のところ「資本主義社会はいずれ確実に立ち行かなくなる」ということに尽きます。立ち行かなくなった資本主義を無理やり存続させようとすれば、地球そのものが、人間の住めない星になり、そこですべては終わってしまいます。

人類がどうしても地球を終わらせたくないのなら、他の惑星に新しい住処と資源を求めるか、そうでなければ資本主義を終わらせて別の体制に移行する必要があるでしょう。そして、その「別の体制」は、当然ながら資本主義を行き詰まらせるに至った欠陥を克服したものでなければなりません。

資本主義が行き詰まるすべての原因は、この制度が私的所有を前提としており、人類が労働によって生み出す富が私的に分配されてしまうことにあります。

よって、資本主義的でない分配をするのであれば、分配の機能を個人に委ねるのではなく「社会化」しなければいけません。この社会化を実現できるなら、それはやはり広い意味では社会主義と呼ばれるものになるでしょう。

ただ、ここでいう社会主義とは必ずしも今まで言われてきたような社会主義の体系に基づかなければいけないというわけではありませんし、私有財産の完全な否定も意味しません。私有財産を否定するとは、極端な話それぞれの人が穿いている下着までみんなと共有するということになりますが、それはいくらなんでもナンセンスです。

今私たちが問題にすべきは工場や農場、発電所など、これまでは労働者が資本家に搾取されながらモノを生み出してきた生産手段を社会化することであり、本当に重要なのはそれだけなのです。

国営化は社会化ではない

生産手段を社会化するための具体的な方法となると、かなり多様な方法が想定できます。これは「社会化」という言葉それ自体が多義的で、複雑な意味を持っているからです。

私たちの目指す社会化が、過去の社会主義体制で一般的な手法であった国有化のように、生産手段の所有権と管理運営権を民間企業から行政府に移し替えるだけでできるのであれば話は早いのですが、そう簡単ではありません。社会化は共有化であり、生産手段を「みんなのもの」にしなければ意味はないのです。

たとえば国立大学は国が所有する大学ですが、これが「みんなのもの」になっているかといえば全くそんなことはありません。国なり、国から管理を任されている学長なりが立ち入りを禁止すれば部外者は中に入ることさえできませんし、市民が自主的に運営しカリキュラムを決められるわけでもありません。

またかつての日本には日本国有鉄道（国鉄）や日本電信電話公社（電電公社）や郵便局など政府が100％出資し、国が運営する企業がたくさんありましたが、これらの企業にしても社会化されていたわけではありませんでした。

そしてかつてのソ連の社会主義も、生産手段を国有化しただけで社会化はしていませんでした。ソ連の国営企業はいわば共産党のものであり、これは共産党が労働者の代表である限りにおいては間接的に国民のものであるとも言えるのですが、実際にはそうでないことの方がずっと多く、「共産党のもの」は実質的には「一部の共産党幹部の私物」でしかありませんでした。

これらの過去の例も示すように、社会化を実現するのはかなり難しいことなのです。

プルードンの私的所有批判

いかにすれば生産手段の社会化を実現できるのか——。私にとってこのことは若い頃からずっと考えてきた課題でした。当然ながらその研究はマルクスを出発点に始まりましたが、やがてマルクスにとって生涯の敵であったプルードンを研究することでひとつの答えにたどり着くことができました。

スミスやリカードなど古典派の経済学者たちが当然の前提と考え、疑問を持つことさえなかった私的所有を初めて問題化し、批判した思想家は、実はマルクスではありませんでした。プルードンが、主著『所有とは何か』の中で「所有、それは盗みである」と批判することで、初めて問題になったことなのです。

そしてそのことをマルクス自身も当初は認めていました。マルクスは若き日の著作『聖家族』で、プルードンのことを現実の経済問題の本質にするどく迫り、経済学の根本的前提を覆し、新しい社会を提示した画期的思想家であるとまで絶賛しているのです。

ただここがマルクスという人のある種人間的嫌らしさでもあるのですが、彼は後にプルードンと敵対関係になると、プルードン以前に私的所有制度を批判した人物がいるはずだと考えるようになり、18世紀後半にシモン・ニコラ・アンリ・ランゲ（1736－1794）というフランスの著述家が『市民法理論』の中で私的所有を批判しているのを探し出しました。それをもとにマルクスは、プルードンはランゲの二番煎じでしかない二流の思想家であり、プルードンはランゲの著作を読んで自著に引き写したにすぎないとこき下ろしたのです。

しかしそれはマルクスの言いがかりでした。後世の研究により、プルードンが『所有とは何か』を書いた時点では、ランゲを読んでさえいなかったことは確実であるとわかっていますし、そもそもランゲが言っている私的所有と、プルードンが言っている私的所有では問題の水準が全く違うからです。

そのような言いがかりをつけておきながらマルクスは、プルードンが指摘した決定的に重要な事項については自らの『経済学・哲学草稿』の中の「疎外された労働」の国民経済学を批判する冒頭の第二パラグラフでちゃっかり引き写しをしました。マルクスはここで、「国民経済学は私有財産という事実から出発する。だが国民経済学はわれわれに、この事実を解明してくれない。国民経済学は、私有財産が現実のなかでたどってゆく物質的過程を、一般的で抽象的な公式で捉える。その場合これらの公式は、国民経済学にとって法則として通用するのである。国民経済学は、これらの法則を概念的に把握しない。すなわちそれは、これらの法則がどのようにして私有財産の本質から生まれてくるかを確証しようとしないのである」

と書いているのですが、これはプルードンのそっくりそのままの借用だったのです。

現代であれば「パクった」と言われ、盛大に炎上しているところです。

フランス革命が隠蔽していたもの

プルードンの私的所有批判は、彼のフランス革命批判の文脈で行われたものでした。プルードンによればフランス革命は本来、私的所有を実現するために起こされた革命であり、資本主義はある意味でフランス革命によって生まれた制度でした。

フランス革命において唱えられたスローガンが日本語では「自由・平等・友愛（もしくは博愛）」と訳される「Liberté, Egalité, Fraternité」であり、これは現在もフランスの標語として引き継がれていることは非常に有名ですが、フランス革命はもともとこの3つの理念だけでなく「私的所有」と「安全」も実現すべき基本的な理念として掲げており、それはフランス人権宣言に明記されています。しかしフランス革命を主導したブルジョワジーたちはこの2つをスローガンから敢えて外し、目立たなくすることで、自分たちにとっては最も重要な革命の目的を隠蔽することに成功したのだとプルードンは言います。

「自由・平等・友愛」と「私的所有・安全」の5つの関係は、私的所有を他の4つの中心軸に据えることで明瞭化します。「自由」は私的所有を実現するための自由、「友愛」もまた私的所有を目指す者、もしくは実現した者同士の間で便宜を図り合うためには必要です。「平等」は「結果の平等」であればブルジョワジーにとっては歓迎しがたいものですが、「機会の平等」であれば私的所有を得るためには重要な要素です。

そして「安全」もまた、私的所有を成し遂げたブルジョワジーが自分たちの資産を奪われずに済むために必要なものです。

このように私的所有を軸として他の4つの要素を見れば、ブルジョワジーたちがごく現実的、具体的な必要性から欲していたことはすぐにわかるのですが、軸となる私的所有を隠蔽したことで、自由・平等・友愛はすべて抽象的な理念のような装いに変わりました。プルードンはこの隠されたつながりを暴き出したのです。

ただプルードンの私的所有批判が彼のフランス革命批判の文脈からなされ、彼の問題意識も結局はその範囲にとどまったのに対して、マルクスは私的所有が資本主義経済の根本問題であるということも見抜いていました。この点でやはりマルクスとプルードンの思想家としてのスケールの違いは明らかです。

しかしだからといって、私的所有を史上初めて正面から批判したプルードンの功績が揺らぐわけでもありません。

集合的労働の可能性

では、マルクスとプルードンの決定的な違いとは何でしょうか。

プルードンの強い影響のもと経済学を学んだマルクスでしたが、やがてプルードンへの攻撃を始めました。マルクスがプルードン批判の最大の根拠としたのは、彼の集合的労働論でした。

資本の生産過程において、労働者の労働によって生み出される価値（剰余価値）が資本家に搾取されて利潤となることに関しては、マルクスもプルードンも考え方は共通しています。しかしマルクスとプルードンでは、その搾取の構図が異なりました。

マルクスは剰余価値を、労働者自身の労働力の価値（賃金）を超えて生み出されるもので、その搾取は労働者が働くとされている労働時間で生み出した価値のうちの一定割合（つまり一定時間分）を資本家が横取りすることでなされると考えました。

それに対してプルードンは、労働者は集団で働くことで個人の労働の合計を超える力（集合力）を生むが、資本家は個人の労働に対してしか支払わないから、集合力と支払われた賃金との差額が利潤として資本家の手に入ると考えました。

一人ひとりの労働で生み出される剰余価値が100だとしても、労働者は共同で働くことで200や300といった剰余価値を作り出すのであり、これに対して資本家は個人で作り出せる剰余価値分100しか払わないから搾取が成立するというわけです。

はっきり言えばプルードンの考える剰余価値のモデルは経済学的に意味がある話ではなく、搾取のプロセスもマルクスの論の方が正解です。

しかしプルードンの考えた剰余価値論には一面の真実も含まれています。それは集合的労働を行う時、労働者は「みんなで」労働しているということです。

「みんなで労働する」とは、その労働によって作り出した価値もまた「みんなのもの」であるということであり、その価値を横取りされるのは、「みんなが奪われ」ているということでもあります。マルクスの理論では、労働者は個々に資本家から搾取されていました。しかしプルードンの理論では、労働者たちが集合的労働で生み出した剰余価値は、集団的に奪われていました。この2つは決定的に異なります。

そしてプルードンは、労働者たちが自分たちの集合力によって生み出した価値すべてを自分たちのものにするのは当然なのに、資本家がそれを盗む（搾取する）ことができるのは、資本家が生産手段を所有しているからだと考え、さらにこの盗みをやめさせるためには労働者たち自らが生産手段を所有しなければいけないと考えました。

労働者が働き、モノを生産する現場では、労働者が自分で動かす機械の調子を見ては、少し汚れているところを掃除したり、道具を手入れしたりといったことを日常的に行うのが普通です。しかし資本家はそうしたことさえしないのに生産手段を所有している。これは不当であり、盗みなのだというわけです。

しかしそうであればこそこの世から資本家がいなくなり、工場の機械にしても農具にしても発電機にしても、それらを使い剰余価値を生み出している労働者自身の所有物にできるのであれば、より緻密に管理し故障箇所があれば率先して直すなど今まで以上に大切に扱うようになるはずだし、こうした自主管理がなされることにより、より大きな剰余価値が生み出されるはずであるというのです。

したがってプルードンが想定しているのは、レーニンがソ連で行ったような生産手段の国有化ではなく、労働者がこれらを自主管理し自分自身の責任においてしっかりと機能させるあり方です。この自主管理を、工場やそれ以外の企業、農場、銀行、学校、病院など、より広い領域へと拡張していくのが社会化です。

先ほどの国立大学の例で言えば、大学が社会化された共有財産であるなら、その設備や制度に何らかのほころびが出ていれば教員だけでなく学生や周辺の住民も参加して、自分たちの力でどうにかして直そうとするでしょう。

しかし国有化でしかないなら、「どうせ国がやりたいようにやるのだから自分たちは余計なことはしないでおこう」と誰もが考えてしまいます。じっさい所有者である国、より具体的には官僚たちも、「管理の邪魔になるから部外者は入ってくるな」「教員も言われたことだけやれ」ということにどうしてもなりがちです。

私も国立大学である一橋大学に勤めていた頃は、こういったシチュエーションには何度も遭遇しましたが、ソ連は国中のあらゆるものがその状態に置かれていたのです。

分業が生むのは本当に疎外だけか

プルードンが共同労働に着目するようになった理由については、プルードン自身が日記の中で語っています。第4章で述べたとおり、プルードンは貧しい職人の子として生まれ、幼い頃から学校にもろくに通えず働きながら独学で思想家になった生粋の労働者でした。そうした苦労人の彼であればこそ、「労働の苦しみだけでなく、楽しさもよく知っている」というわけです。

そしてプルードンは、この日記の中でマルクスの分業論を名指ししながら批判したこともあります。

「マルクスは『分業は不幸を生む』と書いているがそれは違う。実際に働いたことのある者ならば、分業がそれほど単純なものではないことは知っている。

ひとつの機械を動かすのに3人の力が必要だとする。この場合、一人ひとりが自分の役割に責任を持つと同時に助け合わないと、機械に飲み込まれて大怪我をしかねない。だから労働者たちは怪我をしないために、機械を動かすたびに、またそれ以外の様々な局面で、『大丈夫か?』などと声を掛け合うのだ。だから労働者は分業によって分断されるだけの単純な道具になるわけじゃない。それをわかっていないマルクスは自分では働いたことがないんだろう。所詮はインテリだ」――

書斎にこもってマルクスの本を読んでいるマルクス研究者の多くは、今でもマルクスの書いたことを鵜呑みにし「分業によって人間は疎外され、未熟にさせられる」と信じて疑わずにいます。

しかしプルードンはそうではありません。自分自身が労働者だった経験をもとに、分業の良い部分も悪い部分も体験的に理解していました。分業によってモノを作るプロセスの一部しか担えなくなり、不完全な存在に陥れられる面があるのは百も承知だとしても、その一方で分業によって人間が救われている面もあるということをよく知っていたのです。

しかし私は、マルクスもまたプルードンに指摘されたような彼自身の限界、弱点についてはよくわかっていたし、その弱点をズバリ言い当てられてしまったことの自覚もあったのでしょう。だからこそマルクスはプルードンを自分の人生における最大の敵と位置づけ、彼が死ぬまで敵視し、死んだ後も常にプルードンを槍玉に挙げ続けたのだと思います。

マルクスとプルードンの一筋縄ではいかない関係については、2020年に出した拙著『未来のプルードン』(亜紀書房)で詳しい内容をまとめています。

ひと昔前ならば、プルードンについて肯定的なことを書いた途端に日本じゅうのマルクス主義者から総スカンを食い「お前はまだ勉強が足りない」と自己批判を要求されたでしょう。しかし当たり前の話ですが、マルクスだって決して完全な思想家ではないのです。

『資本論』の「誤訳」

1966年に広西元信氏が出した『資本論の誤訳』という本があります。広西氏自身は空手家で国粋主義的な思想の持ち主であり、マルクス主義を否定する立場からマルクス研究を在野で行っていたのですが、彼の書いた本には鋭い指摘もあります。

広西氏は、日本のマルクス主義研究は誤訳に基づいて行われており、本来は「社会化」と訳すべき単語を「国有化」と誤って訳している。そのせいで日本のマルクス研究は本来マルクスが論じようとした内容とは違う方向に向かっていると指摘しました。

たしかに資本論などマルクスの著作には「Gesellschaft（ゲゼルシャフト）」という単語が頻出しますが、これは通常「社会」と訳すべきで、「国家」は「Staat」です。国有化（国家の所有）ならば「フェアシュタートリフンク」であり、資本論第三巻第5編27章にも出てくる「ゲゼルシャフトリヘス・アイゲンツーム」とは異なります。広西氏の指摘は正しいのです。

これは向坂逸郎氏や岡崎次郎氏など、現在も日本で出版されている『資本論』の翻訳を担当したマルクス経済学者たちがいずれも東京帝国大学など旧帝大、国立大学の出身者であることと無関係ではないでしょう。

少なくとも国立大学の閉鎖性・排他性に辟易とさせられた経験を持つ私立大学出身のマルクス経済学者が訳していれば、「国有化」と訳すようなことはなかったはずです。しかし、この「誤訳」は、マルクスではなくソヴィエト社会の現実を「原典」と位置づけ、その「原典」とマルクスの間にある矛盾を覆い隠す上では非常に都合が良かったのでしょう。なにしろソ連の国立大学も官僚主義に染まりきっている点では似たようなもので、国営企業も官僚たちの私物でしかなかったからです。

私が留学した旧ユーゴスラビアも、労働者自身による「工場の自主管理」という点ではかなりうまく行っていた時期もあるのですが、チトーという一代のカリスマの死とともにうまく行かなくなりました。

慈しむことから始まる

生産手段を社会化する、つまり我々のものにするための詳細な方法を本書で説明し尽くすのはさすがに不可能であり、プルードンの原書か、そうでなければ拙著『未来のプルードン』を読んでもらう必要があります。ただここで最も簡単かつ大事なポイントだけ述べておくと、それは我々のものとして「慈しむ」ということになるでしょう。

家財道具でも自分で買ったお気に入りの品なら毎日のように手入れをするけれど、他人のものならばいくら高価な品物であろうと進んで拭く人はいないでしょう。それと同じで、国家のものは誰も自分のものとは思わないので一番汚れやすかったりもします。「国家がどうせ何とかする」と国民に思わせてしまうようなタイプの社会主義は最悪であり、導入する価値も救う価値もありません。社会化は、労働者たちが生産手段を自分たち自身のものだとみなし、慈しもうとした瞬間に初めて実現します。

企業だって、そこで単にこき使われているだけだったら、会社の悪口も言うでしょうが、責任も、それに見合った報酬も受け取っているその会社の管理職ともなると、自然と口を慎み、どうすれば会社を良くできるか言われなくても考えるものです。

だから私も大学の教員ですので、講義の際学生たちにも「この大学が日本で一番立派な大学だと思うようにしてほしい」と言うようにしています。特に学生たちには、「そして、私たち教員は君たちを優秀な学生だと信じる。でもその代わり君たちも、この私や他の教員が最高の教員だと思ってくれ」とも言っていました。

理想論じみたことをしていると思われるかもしれませんが、こう言うと不思議とみんなが勉強する気になってくれるのです。逆にこれを全くしないと、学生たちは「ああ、つまらない大学に入ってしまった。こんな大学のこんな先生にはどうせ大したことは教えられないだろう」と白けた気分のまま4年間を終えてしまいます。一方の先生の側も学生がそれだと、「この大学の偏差値なら集まってくる学生もろくな奴はいるまい」と思い込み、お互いの心が少しずつ離れていき、最後は憎み合うような関係になってしまいます。

「経営参加」だのといった勿体ぶった名前で呼ばれることもありますが、要するに大事なのは、自分のものとして、みんなのものとして、慈しむことです。

田舎の農村で一年に一度の村祭りの時に出す神輿は、祖先から村のみんなが受け継いだものだと誰もが思っているから大事にされます。それと同じことを企業なり、他の集団なりでもできるようになった時に社会化が始まるのです。

『資本論』のここを読む
終章　資本主義のその先

プルードンの私的所有批判
『所有とは何か』について

プルードンの『所有とは何か』（1840年）は、マルクスがとても高く評価した書物で、古典派経済学は私的所有を問題にしていないというマルクスの経済学批判の基礎を作ったものでもあります。しかし、マルクスはプルードンを厳しく批判します。プルードンは所有の歴史的流れを分析していないことで、変化について十分ではないこと。マルクスは歴史的変遷を問題にします。『資本論』ではプルードンは一カ所しか出てきませんが、マルクスは彼の書物がほぼ出版されるたびに読み、批判しています。それは死後も続きます。

集合的労働の可能性
集合的労働について

プルードンの概念で、これをめぐって剰余価値を最初に見つけたのは誰かという問題の際に出てくるものです。ヨハン・ロードベルトゥスも同じような概念を提唱していて、1885年に『資本論』第二巻を出版した際、エンゲルスが序文で『資本論』第一巻に向けられたロードベルトゥスの批判に答えています。マルクス自身は、プルードンに対しては、先の『哲学の貧困』の中で答えたわけです。

分業が生むのは本当に疎外だけか
分業について

分業について、『資本論』第一巻では、第4編12章「分業と工場制手工業」で展開されています。ここでは分業が生み出す生産性の向上と、労働者の労働の単純化が問題になっています。そして3節でこう述べられます。「一面的機能だけを担当するという習慣によって、彼自身はこの機能を自然にそして確実に発揮するだけの一器官になり、メカニズム全体と関連することで、機械の部品のように規則的に動くことを強制されるのである」と。プルードンは、マルクスの『哲学の貧困』のプルードン分業批判に答えて、未完の『経済学ノート』に分業が労働者の意識をかえって増大させるということを書いています。拙訳マルクス『新訳　哲学の貧困』（作品社、2020年）の「解説2マルクスとプルードン」を参照してください。

『資本論』の「誤訳」

社会化と国有化について

まずは社会化と国有化の違いです。マルクス自身、『資本論』では、社会という言葉を国家と区別して使っています。とはいえ、国有と社会的所有について明確な違いを考えていたわけでもありません。パリコミューンの失敗について書いた『フランスの内乱』（1871年）の中で、国家の掌握を主張し、国家そのものを解体すべきだと書いています。『共産党宣言』（1848年）でも、国有という言葉を要求項目に挙げています。『資本論』第三巻の第5編の27章「資本主義的生産における信用の役割」の中で、株式会社によって所有が私的所有から離れ、社会的所有になっていくことを描いています。国家も出てきますが、社会的（人民連合体という意味）という言葉が重要な意味をなしています。そして決定的な言葉として出ているのが、『資本論』第一巻の24章の最後の7節の「資本主義的蓄積の歴史的傾向」で、そこでは私的（Privat）所有から社会的（Gesellschaftliches）所有への変化という言葉が使われています。

慈しむことから始まる

所有と経営参加について

マルクスもプルードンが使っていたアソシアシオンという言葉を使っています。この言葉の意味は、所有という形態に参加という意味を含めて考えるかどうかという点では、マルクスは留保するかもしれませんが。プルードンは所有の社会化を経営参加、本章でいう「慈しんで」自分たちのものにするという意味として使っています。『資本論』第一巻24章では、共同所有に基づく個別的所有（individuelle）という言い方をしています。

主な参考文献

マルクスの著作

『資本論』向坂逸郎訳、岩波文庫、全9巻、1969‐1970年
『経済学批判要綱』高木幸二郎監訳、大月書店、全5巻、1958‐1965年
『新訳 哲学の貧困』的場昭弘訳、作品社、2020年
『新訳 共産党宣言』的場昭弘訳、作品社、2010年
「ユダヤ人問題に寄せて」「ヘーゲル法哲学批判‐序説」『新訳初期マルクス』的場昭弘訳、作品社、2013年
『賃労働と資本』長谷部文雄訳、岩波文庫、1935年
『賃銀・価格および利潤』長谷部文雄訳、岩波文庫、1935年
『マルクス ゴータ綱領批判』望月清司訳、岩波文庫、1975年

『資本論』を知るには

的場昭弘『超訳『資本論』』祥伝社新書、全3巻、2008‐2009年
的場昭弘『カール・マルクス入門』作品社、2018年
的場昭弘監修『図解 明日を生きるための資本論』青春新書プレイブックス、2021年
的場昭弘『一週間de資本論』NHK出版、2010年
伊藤誠『『資本論』を読む』講談社学術文庫、2006年
佐々木隆治『マルクス 資本論』角川選書、2018年
デヴィッド・ハーヴェイ〈資本論〉入門』森田成也他訳、作品社、2011年
デヴィッド・ハーヴェイ『〈資本論〉第2巻・第3巻入門』森田成也他訳、作品社、2016年

資本主義について

的場昭弘『資本主義全史』SB新書、2022年
デヴィッド・ハーヴェイ『資本主義の終焉』大屋定晴他訳、作品社、2017年
ヴェルナー・ゾンバルト『恋愛と贅沢と資本主義』金森誠也訳、講談社学術文庫、2000年
トマ・ピケティ『21世紀の資本』山形浩生他訳、みすず書房、2014年
マックス・ヴェーバー『プロテスタンティズムの倫理と資本主義の精神』大塚久雄訳、岩波文庫、1989年

現代資本主義と『資本論』

佐藤優『いま生きる「資本論」』新潮文庫、2017年
的場昭弘『マルクスとともに資本主義の終わりを考える』亜紀書房、2014年

著者略歴

的場昭弘（まとば・あきひろ）

1952年、宮崎県生まれ。慶應義塾大学大学院経済学研究科博士課程修了、経済学博士。神奈川大学教授。日本を代表するマルクス研究者。著書に『超訳『資本論』』全3巻（祥伝社新書）、『一週間de資本論』（NHK出版）、『マルクスだったらこう考える』『ネオ共産主義論』（ともに光文社新書）、『資本主義全史』（SB新書）、『未完のマルクス』（平凡社）、『マルクスに誘われて』（亜紀書房）、『「19世紀」でわかる世界史講義』（日本実業出版社）、『いまこそ「社会主義」』（池上彰氏との共著・朝日新書）、訳書にカール・マルクス『新訳共産党宣言』（作品社）、ジャック・アタリ『世界精神マルクス』（藤原書店）など多数。

SB新書　600

20歳《さい》の自《じ》分《ぶん》に教《おし》えたい資《し》本《ほん》論《ろん》

現代社会《げんだいしゃかい》の問題《もんだい》をマルクスと考《かんが》える

2022年11月15日　初版第1刷発行

著　者　的《まと》場《ば》昭弘《あきひろ》

発行者　小川 淳
発行所　SBクリエイティブ株式会社
〒106-0032　東京都港区六本木2-4-5
電話：03-5549-1201（営業部）

装　丁　杉山健太郎
本文デザイン　荒木香樹
編集協力　古川琢也
D T P　株式会社ローヤル企画
印刷・製本　大日本印刷株式会社

本書をお読みになったご意見・ご感想を下記URL、
または左記QRコードよりお寄せください。

https://isbn2.sbcr.jp/17516/

落丁本、乱丁本は小社営業部にてお取り替えいたします。定価はカバーに記載されております。本書の内容に関するご質問等は、小社学芸書籍編集部まで必ず書面にてご連絡いただきますようお願いいたします。

ISBN 978-4-8156-1751-6